高達瑪

Hans-Georg Gadamer

何衛平◎著

編輯委員：李英明　孟樊　陳學明　龍協濤
楊大春　曹順慶

出版緣起

　　二十世紀尤其是戰後，是西方思想界豐富多變的時期，標誌人類文明的進化發展，其對於我們應該具有相當程度的啟蒙作用；抓住當代西方思想的演變脈絡以及核心內容，應該是昂揚我們當代意識的重要工作。孟樊教授和浙江大學楊大春教授基於這樣的一種體認，決定企劃一套「當代大師系列」。

　　從一九八〇年代以來，台灣知識界相當努力地引介「近代」和「現代」的思想家，對於知識份子和一般民眾起了相當程度的啟蒙作用。

　　這套「當代大師系列」的企劃以及落實出版，承繼了先前知識界的努力基礎，希望能藉這一系列的入門性介紹書，再掀起知識啟蒙的

熱潮。

孟樊與楊大春兩位教授在一股知識熱忱的
驅動下，花了不少時間，熱忱謹愼地挑選當代
思想家，排列了出版的先後順序，並且很快獲
得生智文化事業公司葉忠賢先生的支持，因而
能夠順利出版此系列叢書。

本系列叢書的作者網羅有兩岸學者專家以
及海內外華人，爲華人學界的合作樹立了典
範。

此一系列書的企劃編輯原則如下：

1. 每書字數大約在七、八萬字左右，對每
   位思想家的思想進行有系統、分章節的
   評介。字數的限定主要是因爲這套書是
   介紹性質的書，而且爲了讓讀者能方便
   攜帶閱讀，提升我們社會的閱讀氣氛水
   準。

2. 這套書名爲「當代大師系列」，其中所
   謂「大師」是指開創一代學派或具有承
   先啓後歷史意涵的思想家，以及思想理

論與創作具有相當獨特性且自成一格
者。對於這些思想家的理論思想介紹，
除了要符合其內在邏輯機制之外，更要
透過我們的文字語言，化解語言和思考
模式的隔閡，為我們的意識結構注入新
的因素。

3.這套書之所以限定在「當代」重要的思
想家，主要是從一九八○年代以來，台
灣知識界已對近現代的思想家，如韋
伯、尼采和馬克思等先後都有專書討
論。而在限定「當代」範疇的同時，我
們基本上是先挑台灣未做過的或做得不
是很完整的思想家，做為我們優先撰稿
出版的對象。

另外，本系列書的企劃編輯群，除了上述
的孟樊教授、楊大春教授外，尚包括筆者本
人、陳學明教授、龍協濤教授以及曹順慶教授
等六位先生。其中孟樊教授為台灣大學法學博
士，向來對文化學術有相當熱忱的關懷，並且

具有非常豐富的文化出版經驗以及學術功力，著有《台灣文學輕批評》（揚智文化公司出版）、《當代台灣新詩理論》（揚智文化公司出版）、《大法官會議研究》等著作，現任教於佛光人文社會學院文學所；楊大春教授是浙江杭州大學哲學博士，目前任教於浙江大學哲學系，專長西方當代哲學，著有《解構理論》（揚智文化公司出版）、《德希達》（生智文化公司出版）、《後結構主義》（揚智文化公司出版）等書；筆者本人目前任教於政治大學東亞所，著有《馬克思社會衝突論》、《晚期馬克思主義》（揚智文化公司出版）、《中國大陸學》（揚智文化公司出版）、《中共研究方法論》（揚智文化公司出版）等書；陳學明先生是復旦大學哲學系教授、中國國外馬克思主義研究會副會長，著有《現代資本主義的命運》、《哈貝瑪斯「晚期資本主義論」述評》、《性革命》（揚智文化公司出版）、《新左派》（揚智文化公司出版）等書；龍協濤教授現任北京大學學報編審及主任，並任北大中文系教授，專

長比較文學及接受美學理論，著有《讀者反應理論》（揚智文化公司出版）等書；曹順慶教授現爲四川大學文學與新聞學院院長，專長爲比較文學及中西文論，曾爲美國哈佛大學訪問學人、南華大學及佛光人文社會學院文學所客座教授，著有《中西比較詩學》等書。

　　這套書的問世最重要的還是因爲獲得生智文化事業公司總經理葉忠賢先生的支持，我們非常感謝他對思想啓蒙工作所作出的貢獻。還望社會各界惠予批評指正。

李英明

序於台北

序

　　哲學詮釋學是二十世紀歐洲大陸思想界，
所取得的最重要學術成就之一，雖然一九九〇
年代後期以降，其高潮似有所回落，但仍不失
爲一門顯學。它從現象學、存在哲學中，合乎
邏輯地衍生出來，並與剛剛過世不久的一代宗
師高達瑪（Hans-Georg Gadamer）的名字分不
開，儘管其基本發展方向是海德格確立的，但
最終卻是由高達瑪具體實現和完成，並且多有
創新和拓展。離開高達瑪本人的努力和建樹，
哲學詮釋學也許至今仍停留在海德格早期那種
大綱的水準上。

　　記得筆者在美國伊利諾伊大學香檳—厄本
納分校（University of Illinois at Champaign-
Urbana）做訪問學者期間，曾和一位同行朋友

掰著指頭為當代西方最重要的哲學著作前十名排序，在維根斯坦的《邏輯哲學論》、《哲學研究》、胡塞爾的《邏輯研究》和海德格的《存在與時間》之後，我們都不約而同地提到高達瑪的《真理與方法》，並感到很難再找到別的著作來替代它的位置。高達瑪的學生、《真理與方法》的主要英譯者 J. 威舍默（Joel Weinsheimer）稱該書為上個世紀兩、三本最重要的詮釋學經典之一❶，這絕非溢美之辭。

　　如果說當代西方哲學思潮中的人文主義四大流派——現象學、存在哲學、詮釋學和解構學有著某種內在的聯繫，那麼這種聯繫使得詮釋學的地位不容忽視，雖然它的基礎是現象學、存在哲學，但又是從它們中生發出來的新枝；雖然它現在不似解構學那麼時髦，但從某種意義上講，解構主義也是一種詮釋學❷。因此研究和掌握現代詮釋學，對於瞭解當今西方人文主義思潮及整個歐陸哲學，都具有十分突出的意義，而要做到這一點，高達瑪是我們無法迴避的。他的主要思想代表著西方詮釋學史

上極重要的階段，儘管後來的學者，如哈伯瑪
斯、阿佩爾、呂格爾、德希達等人，又有了進
一步的發展，但這種發展卻是從他這裏起步並
得到啓迪的，屬詮釋學內部的自否定。既然如
此，欲把握當代新詮釋學最好的方式，莫過於
從高達瑪這一典型的個案分析入手。

我們知道，對任何思想家的思想闡釋，有
多種途徑，即便解釋者們面對的是同一個文
本，彼此的解釋往往也會有差異，因為每個解
釋者的前理解結構都不一樣，正是在這個意義
上，高達瑪強調，一切理解都是自我的理解。
這和主觀隨意性不可相提並論，因為理解的多
元化並不導致相對主義的必然結論，恰恰相
反，它是文本的解放和意義的開顯所必需的。

基於此，我力圖以原著為依據，用新的方
式來揭示高達瑪。筆者研究這位思想大師已近
十年，發現在他詮釋學中存在某種「複調
性」，於是本書大體上以這種方式來結構高達
瑪的思想。這種「複調性」最明顯地表現於詮
釋學和辯證法在他那裏的交織與貫穿（這是過

去許多中、外同類著作,所未能加以突出和彰
顯的)。就哲學詮釋學的出發點而言,是德國
浪漫主義和德國唯心主義,但它又超越了二
者,這種超越以現象學爲依託。哲學詮釋學的
基本方法是現象學和辯證法,而整個內容主要
體現爲對理解的歷史性與語言性的展露。所有
這些觀點是筆者從高達瑪最主要的代表作《眞
理與方法》中「讀」出來的,並構成了本書的
核心和主幹,但它們又不足以完全涵蓋高達瑪
後期的觀點,於是筆者在本書最末另加一章:
「實踐詮釋學的歸宿」,這樣就基本將高達瑪的
思想概括於其中了。當然高達瑪的研究還有許
多空白尚待塡充,但對初學者來說,依據我的
閱讀經驗,抓住重點和基本思路是最爲關鍵
的,而筆者在此試圖爲讀者提供一種能夠理解
他的線索,至於實際做得如何,有待大家的批
評。

　　研究詮釋學和高達瑪思想的專著在西方汗
牛充棟,據我最近在美國所做的初步統計不下
七百五十餘種,論文就更多了。然而在漢語世

界中,尤其在中國大陸,這個方面的探討儘管
自七〇年代末、八〇年代初以來已取得了長足
的進步,但和國外的水準相比仍有非常大的差
距,不論在論著的質量還是數量上都是如此。
因此,推動詮釋學研究的深入和普及,對於我
們來說依然是一項艱巨的任務。

另外,中國擁有非常悠久的釋經傳統,詮
釋學的思想和實踐方面的資源十分豐富,而將
這些上升到哲學理論的高度加以總結,也離不
開對西方詮釋學精華的吸收和參照(這些精華
當中,自然包括高達瑪),離開這一點去建構
所謂中國詮釋學哲學將是盲目的,極有可能是
低水準的。

希望更多有志於學的人,尤其是青年才
俊,能加入到詮釋學研究的行列中來,以推動
人文科學、人文精神和人文傳統在漢語世界中
的發展,為中華民族之重新崛起,做出自己應
有的貢獻。

何衛平

二〇〇二年八月二十四日於武漢大學

註　釋

❶高達瑪，《眞理與方法》，英文版，紐約，1989年，
　第 xi 頁。

❷參見 W. 德斯蒙德，《超越黑格爾和辯證法》，英文
　版，紐約州立大學出版社，第 207 頁。

目　錄

第一章
高達瑪的生平及主要著述

　　當代西方有一位橫跨兩個世紀、年逾百歲的哲學大師的名字將會永久地被人們所提起，他就是漢斯—喬治‧高達瑪（1900-2002年）。高達瑪是繼胡塞爾、海德格之後，西方上個世紀中葉以來最偉大的哲學家之一，也是世界級的思想大師。他對歐洲大陸傳統詮釋學的刷新和推進，在人文科學及文化各個領域裏都引起了廣泛的革命性的影響。他那淵博、深邃的思想是與其豐富、奇特的生活經歷分不開的，從馬堡到弗萊堡、萊比錫、法蘭克福和海德堡，他始終是在一流的思想家的圈子度過，他既受別人影響，也影響別人，這裏我們可以提到一長串與之相關的非同凡響的名字：保爾‧那托普（Paul Natorp）、尼古拉‧哈特曼（Nicolai Hartmann）、海德格（Heidegger）、胡塞爾（Husserl）、卡爾‧巴特（Karl Barth）、布爾特曼（Rudolf Bultmann）、舍勒（Max Scheler）、吉哈特‧庫格（Gerhard Kruger）、漢斯‧立普斯（Hans Lipps）、卡爾‧蘭哈特（Karl Reinhardt）、雅斯培（Jaspers）、卡爾‧勒維特

（Karl Lowith）、保羅・梯里希（Paul Tillich）、阿多諾（Adorno）、阿佩爾（Karl-Otto Apel）、列奧・斯特勞斯（Leo Stauss）、奧托・帕格勒（Otto Poggeler）、哈伯瑪斯（Habermas）等等❶，本著「知人論世」的原則，在敘述和分析高達瑪的詮釋學思想之前，我們有必要對其生平及基本著作有一個大致的瞭解。

一九〇〇年二月十一日，高達瑪出生於德國馬堡的一個知識份子的家庭。這一年尼采去世，佛洛伊德的《夢的解釋》、胡塞爾的《邏輯研究》第一卷發表；前者開創了對無意識領域的探索，後者標誌著現象學的誕生。可見，這是一個富於象徵性的年代。

高達瑪的父親喬阿奈斯・高達瑪（Johannes Gadamer）是一位研究自然科學的學者、教授，所從事的專業是藥物化學。母親愛瑪・卡羅琳娜・瓊阿納・格威絲（Emma Karolina Johanna Gewiese）屬有教養的知識女性。在高達瑪兩歲時，由於父親到布雷斯勞

（Breslau）就任一家藥物研究所的所長，他離開馬堡隨家遷到這個毗鄰於波蘭的小城❷，並在此地度過了自己的童年和少年，而且經歷了第一次世界大戰。布雷斯勞市的面積雖然不大，但它卻是「現代詮釋學之父」施萊爾馬赫的誕生地，另外兩位大詮釋學家狄爾泰、布爾特曼也曾在此任教過。這裏的化學工業、紡織業、機械製造和加工業非常發達，天主教的傳統影響極爲深厚。從思想觀念上看，該城比較保守、落後。在這裏高達瑪同父母討論過「鐵達尼」號的沈沒，以及一些其他的重大事件。

　　第一次世界大戰期間，布雷斯勞雖然遠離前線，並無戰事，但高達瑪還是感受到了戰爭的陰影、社會的動盪，因爲周圍總不斷有一些從軍者死亡的消息傳來，其中包括他中學的老師。最初他也曾受戰爭機器的鼓動，並且出於男孩子的天性，而對普魯士的高效、嚴格的軍事傳統頗感興趣，萌生過做職業軍人、甚至當戰略家的念頭，但隨著時間的推移，這種想法很快消失了，爲新的興趣和愛好所替代。

　　高達瑪從小家境優裕，作為科學家、學者
和教授的父親擁有十分豐富的藏書，這對一個
求知欲非常旺盛的孩子來說是再好也沒有的
了。他的閱讀量極為豐富，知識面非常廣博。
雖然比較頑皮，但總的來說是一個很不錯的學
生。

　　小學畢業後，高達瑪上了布雷斯勞的一所
高級文科中學。在此期間高達瑪沒有表現出對
哲學有什麼興趣，既沒讀過叔本華，也沒讀過
尼采。雖然接觸過康德的《純粹理性批判》
（據說這是他生平所讀的第一部艱深的哲學著
作），但他沒能弄懂這部天書。高達瑪中學階
段的主要興趣集中在文學、詩歌和戲劇方面，
尤其喜歡抒情詩。他大量閱讀了古希臘、文藝
復興時期和近現代的作品，如莎士比亞、萊
辛、歌德、席勒、杜斯托耶夫斯基、黑塞、托
馬斯·曼等，都是他十分熟悉和青睞的作家。
這種從小所受到的文學藝術的陶冶，對高達瑪
一生的學術發展都具有十分重要的影響，儘管
他最終選擇了哲學的道路，但他後來並不認

為，這些與他的哲學無關，如他成熟期自覺地
將藝術經驗納入到了詮釋學中來，與歷史學科
（人文科學）的理解經驗並列，其代表作《真
理與方法》的第一部分關於藝術真理的分析，
以及許多論著中所體現出來的深刻的美學思想
都與之有關。進入成熟期後，他明確提到藝術
與哲學的聯繫，這同德國浪漫主義傳統具有某
種內在的一致性。

　　高達瑪從小就表現出對人文社會科學的強
烈愛好，並且不斷地朝此方向努力，這使他父
親極為不滿，後者一直希望自己的兒子能於實
實在在的自然科學領域裏有所建樹，文科在他
看來只不過是某種務「虛」的東西，純屬空
談。父親從小就試圖培養和開啟高達瑪在自然
科學方面的興趣，但這一努力最終歸於失敗，
為此他一直耿耿於懷，但他還是開明地接受了
這一事實，不僅未同兒子過不去，而且還繼續
為其提供上大學的費用。

　　一九一八年接受完中等教育之後，高達瑪
進了雖具有悠久歷史但不怎麼出名的布雷斯勞

大學。我們可以稱之為高達瑪大學的「布雷斯
勞時期」。這個階段很短，僅一年左右的時
間，它屬於高達瑪成長的一個過渡期。最初他
尚未將哲學確定為自己一生主要的目標，興趣
依然廣泛，沈迷於音樂史、藝術史、德國文
學、拉丁語、梵文，乃至伊斯蘭教、羅馬政治
等諸多領域。他貪婪地選課、廣泛地涉獵，信
馬由韁，表現出一種知的迷茫與思的執著。這
種知的迷惘與第一次世界大戰期間，帶給德國
乃至整個歐洲所造成的巨大災難有關，它使人
們固有的那種樂觀主義信念遭到了沈重的打
擊，使西方自身文明傳統的信仰受到了嚴重的
挑戰，斯賓格勒的《西方的沒落》多少暗示了
此一時期人們某種普遍的心境。德國在戰爭中
所遭到的失敗和災難，使高達瑪對既定的傳統
產生了從未有過的困惑，尤其是特奧多·萊辛
的一部二流的著作《歐洲與亞洲》，書中用東
方的智慧對整個歐洲傳統所提出的疑問，更增
添了他對近代以來西方進步觀念的懷疑，並不
斷深入地思考，力圖找到某種答案。此外這一

時期給他印象深刻的還有祁克果《或此／或彼》，正是這部著作開始引發他對歷史的本性進行反思。然而，當時的一般人文社會科學，並不能給他滿意的指點，這成了高達瑪逐漸關注哲學的最重要原因和動力。很快，高達瑪對哲學的興趣壓倒了一切，但他並沒有放棄文學藝術的愛好，而只是將自己的學術側重點進行了調整。

　　嚴格地講，高達瑪是由新康德主義者引進哲學之門的，因為在當時的德國，新康德主義佔據上風。在布雷斯勞大學他如饑似渴地聽哲學課，參加許多有關這方面的研討班，而主講教師幾乎都是清一色的新康德主義者，其中R.赫尼希斯瓦爾德對他的影響最大，赫氏反對心理主義，堅定捍衛先驗唯心主義的立場，給他留下了極深刻的印象，高達瑪不僅系統聽了他的「概念思維藝術入門」和「認識論基本問題」兩門課，而且還做了十分詳細的筆記，這應看作是他真正轉向哲學的開始。然而隨著他的哲學思維的不斷提高，問題意識愈來愈強烈，布

雷斯勞已無法再滿足他的需要了,於是他將眼光投向了心儀已久的當時德國哲學的中心之一——馬堡。

一九一九年,高達瑪抱著明確的目標來到馬堡大學學習哲學,我們可將這一時期稱爲高達瑪大學階段的「馬堡時期」。眾所周知,馬堡大學是德國新康德派的兩大重鎮之一,它是孕育馬堡學派的地方。對於中國學者來說,新康德主義是一個不新不舊的西方哲學流派,因此,對它的研究和重視很不夠,但在德國現代新舊哲學交替的過程中,它卻佔有一個不可忽視的地位,具有繼往開來的性質。二十世紀最重要的德國哲學家,如胡塞爾、尼古拉‧哈特曼、海德格、高達瑪等人都受過它的哺育,都曾與之同行過。

新康德主義產生於十九世紀六〇年代,在一個相當長的歷史時期內,它在德國哲學界的地位居高不下。O. 李普曼是新康德主義開創者,儘管在他之前還有一些先驅,如H. 赫爾姆霍茨、K. 費舍、E. 策勒等人,但O. 李普曼

最先明確地喊出了「回到康德去」的口號，在哲學界引起了普遍的共鳴和回應，一場聲勢浩大的復興康德哲學的運動在德國哲學界全面展開。至十九世紀後期，新康德主義逐漸主要集中於兩大重鎮：一是弗萊堡大學；一是馬堡大學，並形成了分別以這兩所大學的名字命名的弗萊堡學派和馬堡學派。

弗萊堡學派的創始人是文德爾班，有影響性的代表人物是李凱爾特、鮑赫、閔斯特伯格、拉斯克等。其與李普曼爲代表的早期新康德派偏重康德的認識論不同，弗萊堡派偏重康德的倫理學和美學，他們突出自然科學和精神科學之間的區別。這和狄爾泰的追求，存在著某種類似之處，它對西方現代新詮釋學的發展很有意義。

馬堡學派的創始人是H. 柯亨，主要代表有那托普、卡西爾、施塔姆勒、福倫德等。它的影響超過了弗萊堡派，代表著當時新康德主義的主流。馬堡學派繼承了早期新康德主義的認識論傾向，並主要從這個角度繼續推進康德

哲學的研究，發展它的先驗唯心論，並直接孕
育了胡塞爾的現象學。

　　不過高達瑪來到馬堡時，卡爾‧巴特的辯
證神學剛剛興起，而新康德主義已經開始走下
坡路了，但高達瑪同新康德主義決裂有一個過
程。儘管高達瑪在來馬堡之前，就預感到應當
找到一種全新的哲學，但道路到底在哪裏，他
並不清楚。初到馬堡對於他來講，一切都是新
鮮的，在學習方面他面臨著巨大的壓力和挑
戰，而這一切又必須適應。最初他只是慕名投
到馬堡學派的門下，想盡可能從中吸收到對自
己有益的東西。高達瑪在攻讀博士學位期間，
師從著名的新康德主義者那托普，在他的指導
下，完成博士論文《柏拉圖對話中的欲望本
質》，並取得學位。在這個過程中他受到了扎
實、嚴格、系統的哲學訓練。

　　然而隨著實際思想接觸的不斷深入，高達
瑪感到新康德主義與自己愈來愈遠，德國當時
的現實，使他和那個時代的青年學生對尼采的
生命哲學、狄爾泰的歷史主義、祁克果的存在

主義更感興趣，尤其是尼采對於傳統所採取的
那種大膽毫不留情的批判態度，更讓青年高達
瑪及其同輩振奮。此時的高達瑪感到自己除了
哲學已無法在其他領域裏尋求安身立命之所
了，這更加激發了他學習哲學的熱情和欲望。
嚴格地講，高達瑪的哲學生涯是從馬堡眞正開
始的，而他的哲學領路人是那托普、尼古拉・
哈特曼和海德格。

　　那托普是高達瑪在馬堡所見到最有名望的
新康德派巨擘（柯亨此時已離開馬堡），連海
德格對他都十分敬重，高達瑪有幸成爲他所帶
的最後一批博士生當中的一個。在治學方面，
那托普十分強調體系和方法論。然而，儘管高
達瑪對這位馬堡學派中的扛鼎人物尊敬有加
（尤其是他的沈默靜思和對戲劇的愛好，給高
達瑪留下了深刻的印象），但從總的方面看，
後者此時已江河日下、老態龍鍾，早已缺乏先
前的那種銳氣了，師徒二人思想上有較大距
離。相比之下，高達瑪的另一位較年輕的導師
尼古拉・哈特曼則更能引起他的好感，他對後

者的學識人品尤其感佩之至。哈特曼不僅治學勤奮，成就卓著，而且為人謙和，經常下課後邀他的這位學生一起「泡」咖啡館。如果說高達瑪和那托普之間更多體現的是一種拘謹的師生關係，那麼他同哈特曼之間則更多體現的是一種融洽的朋友關係。

此時的哈特曼已開始向新康德主義（包括那托普的思想）發出批評和挑戰了，並最終與之絕裂，徹底擺脫了以前的唯心主義立場，這一點深深影響了高達瑪。第一次世界大戰以後，新康德主義總的來說如強弩之末，呈衰頹趨勢，儘管在馬堡大學仍有很大的勢力，但他們的理論已不再那麼吸引青年學子了，尤其是它的那種唯心主義的發展方向。第一次世界大戰後，存在主義在德國就已是一種思潮了，與之相應，在藝術上德國表現主義成了主流。這個時候學理深邃的胡塞爾現象學，逐漸取代新康德派在德國哲學界所佔據的突出地位，它強調「回到事情本身」的口號和宗旨更引人注目。但後來由於胡塞爾現象學沒能擺脫新康德

主義的羈絆，愈來愈走向極端的主觀唯心論，這使許多原來對它抱有熱忱的人大失所望。由於它的主觀唯心主義的走向，沒有和新康德派真正劃清界限，因此很難成爲新一代的哲學靠山。

就在這時，海德格出現了，他的存在哲學如從山林衝殺出來的一匹黑馬，滿足了當時人們的某種要求和期待。甚至連哈特曼在聽了他的一次講演後，也驚歎道：這是自柯亨以來最具震撼力的演講❸。正是透過海德格，高達瑪的思想產生了一次巨大的飛躍，這種飛躍讓他明白了自己的哲學問題之所在，而且一下子同新康德主義的馬堡學派，包括乃師那托普，甚至哈特曼的思想拉開了距離，他逐步明確瞭解必須將哲學還原到人類的基本存在經驗，應當反對先驗的唯心主義。

一九二二年他讀到海德格寄給那托普的一篇有關亞里士多德的長達四十頁的手稿，其中對「詮釋學處境」的分析引起了他的注意，儘管此時的他對此還不甚瞭解，但他日後的詮釋

學的研究方向肯定與此有關。

　　一九二三年夏，高達瑪在弗萊堡第一次會見了海德格，並參加該年度夏季學期海德格主持的關於亞里士多德倫理學的研討班，此外還旁聽胡塞爾的課，這使他眼界大開。此次經歷對高達瑪整個一生來說都可視爲一個重要的「事件」，他與海德格共度了幾個月的時光，並感到自己的整個思想在發生著重大的改變。跟從海德格和胡塞爾這兩位大師，高達瑪不僅系統地學習了現象學的理論，而且還具體地受到了現象學方法的訓練。

　　這個時候，海德格已成爲德國哲學界一顆耀眼的新星，他那獨特的思想魅力，對廣大青年學子產生了巨大的感召力，在他的身邊聚集著不少追隨者，高達瑪很快加入到他們的行列中（他曾在馬堡與G. 庫格和K. 勒維特一起當過海德格的助教），並且後來成了海德格最親密的學生和朋友之一。高達瑪對現象學的研究，首先得益於海德格和舍勒，是這兩位天才將他領進門的，而不是胡塞爾。高達瑪最開始

對後者那晦澀難懂的現象學理論的解讀收穫並
不大。

　　海德格的思想爲何對高達瑪有如此深的吸
引？它的魅力何在？後來的高達瑪回憶道，這
主要表現在他對問題的歷史性的把握，他對傳
統思考的生動活潑、引人入勝，他所揭示的歷
史主義和相對論比唯心主義，如新康德派、胡
塞爾現象學的超時間、超歷史的學說更有力
量。在一定的意義上講，是海德格教會了高達
瑪如何進行歷史的思維，只有具備了這種思
維，古老的傳統問題才會富有生命力，才能使
之轉化爲「我們的問題」。後來高達瑪正是以
此爲起點，一步一步發展出了他的哲學詮釋
學，逐步實現了其思想的第二次大轉折，當然
這是一個漫長的過程，而不是一蹴而就的。

　　透過海德格，高達瑪萌發了對古代哲學的
熱情。他從古代哲學主要是柏拉圖和亞里士多
德哲學中，所吸收到的是一種同現代主觀主義
（如德國的新康德主義、胡塞爾的現象學）相
反的一種精神，他甚至認爲，對主體性的一種

限制是古代哲學優於現代哲學的一個重要方面，他也是從該角度去看待黑格爾哲學的，因為後者從思辨的角度極大地發展了古代哲學的這個方面，所以海德格稱黑格爾是徹頭徹尾的希臘人，這一點高達瑪完全贊同，但與海德格不盡相同，高達瑪對此主要不是從消極的角度來理解的。

　　從一九二四年起，高達瑪開始學習古典語文學，並結合柏拉圖的研究。他的指導老師是獲得過德國偉大的古典語文學家烏里希‧馮‧威蘭姆威茲-莫蘭道夫（Ulrich von Wilamowitz-Moellendorf）獎的弗里德蘭德（Paul Friedlander），弗里德蘭德繼承了莫蘭道夫的古典語文學的傳統，這種傳統強調要將語文學建立成一門科學，而不看重對古典思想家下價值判斷，主張透過現代歷史主義和批判分析的方法來對古典思想家的思想進行系統的探討，這種態度使古典語文學成了哲學研究的輔助性手段❹。

　　一九二七年受海德格的影響，高達瑪撰寫

了教學資格論文《柏拉圖的辯證倫理學：〈斐利普斯篇〉的現象學闡釋》❺，並通過語文學課程的國家考試，從此逐漸在語文學的圈子中得到承認，自喻爲半個「語文學家」，這對他以後的哲學詮釋學的研究很有意義。

　　一九二九年，高達瑪通過授課資格考試，在馬堡大學任私人講師，三十七歲晉升爲該校副教授，兩年後在萊比錫大學被聘爲教授。

　　在納粹當權時期，高達瑪沒有像老師海德格那樣，發表效忠、支持希特勒的言論，表現了一個正直學者的良知，然而他的研究工作卻受到很大的干擾和限制，此時他的著述很少，只發表了一部《赫爾德論民族和歷史》的小冊子，他主要是透過教學來闡發自己的思想和觀點的。在一九三九年至一九四一年之間他有兩次機會出國，一次是到法國巴黎作有關赫爾德的演講，再一次是到葡萄牙旅行。

　　第二次世界大戰結束後，情況有了很大的好轉，但接下來兩年的時間，他擔任了萊比錫大學校長，行政工作佔去了他的許多寶貴時

光，幾乎無暇顧及學術研究，這種情況一直持續到他卸任，並受聘於緬因河畔的法蘭克福大學教授，才得到了根本的改變。尤其是一九四九年他接替雅斯培在海德堡大學的教席後，才真正全心地投入到了教學和研究之中，這樣在以後的十多年裏使他能集中精力，終於完成了《真理與方法》這一巨著，從而達到了自己事業的巔峰，並奠定了他在整個西方哲學史上的重要地位。高達瑪在施萊爾馬赫、狄爾泰、海德格的基礎上進一步拓展了詮釋學的普遍性，並將它真正變成了一門系統的、名副其實的哲學。

戰後，高達瑪開始與法蘭克福學派的代表人物交往，他曾認真讀過阿多諾的名著《否定的辯證法》，並打算與作者就有關問題進行討論，但由於阿多諾的不幸逝世而未能如願。

《真理與方法》出版後，高達瑪除了補充、發揮其中的理論之外，主要將哲學詮釋學推向廣大的實踐領域，這當然也離不開與自己是同事，而且年齡上要小得多的法蘭克福學

派，其第二代重要代表之一哈伯瑪斯的論戰的推動。其間他自覺地將詮釋學從「理解」的層面，向「交往」的層面進行了擴展，從而使哲學詮釋學最終走向了實踐哲學。

高達瑪為何要建立哲學詮釋學？他的目的不過是要將自己的研究和教學從哲學上去加以總結。與黑格爾不同，後者將各種理論和傳統都納入到一個封閉的體系中，追求一個最終的合題，而高達瑪則要從詮釋學的開放性的角度來說明這一切，他視哲學為一種啓蒙，一種反對任何教條或獨斷論的啓蒙，他自己所建立的哲學詮釋學就很好的體現了這種精神。高達瑪一生學術研究的重點主要牽涉兩個方面：詮釋學與古代哲學（主要是希臘哲學），而這兩者在他那裏有著不可分割的聯繫。他甚至對一個同事說，「我基本上只讀二○○○多年前的書」❻。

他除了擔任過德國馬堡大學、哈雷大學、萊比錫大學、法蘭克福大學、海德堡大學的教授外，還榮任過海德堡科學院、雅典科學院、

阿姆斯特丹科學院和波士頓科學院院士。與康
德類似，他不僅科研碩果累累，而且是一個極
端敬業、非常稱職的教師，大半生都辛勤耕耘
在教學的園地中，桃李滿天下。

　　筆者曾問過高達瑪的學生、德國海德堡大
學漢學系教授R. 瓦格納（R. Wagner）先生，
在就學於高達瑪期間感受最深的是什麼，後者
毫不遲疑地答道：「他的講課！」，並做了如
下的回憶：

　　一九六三年我在海德堡大學聽高達瑪的
　　課，在場的學生有一百多人，其中不少主
　　要是仰慕這位《真理與方法》的作者的大
　　名而來。高達瑪的講課完全是對話式的，
　　而不是通常的灌輸式的，它極類似蘇格拉
　　底的精神接生術或對話辯證法。首先，他
　　提出五、六個問題，叫我們回答，然後再
　　根據回答繼續提問。剛開始，我們都感到
　　極難適應，甚至很迷惘，像陷入到大沙漠
　　中一樣，也很緊張，因為它同我們以往德

國傳統的學院式之教學風格完全不同。然
而一旦我們適應了這種教學方式，我們的
思想進步非常快。後來我們才恍然大悟：
這本身就是一種詮釋學的方法，是一種教
學實踐的詮釋學，而他的詮釋學也極大地
得益於這種授課方式和教學經驗，他的人
格處處體現為一種詮釋學的精神。我們從
他的這種授課方式中獲益匪淺，它幫助我
們學會如何去「思」。雖然我的同學中的
大多數人後來走上了不同的專業領域，如
文學、歷史、法學、經濟、政治、漢學等
等，真正搞哲學的人很少，但其他同學都
有著和我類似的感覺和看法：人文科學離
不開詮釋學這個背景。我們都非常感激高
達瑪在這方面給予我們的訓練。

高達瑪同海德格的關係一向非常親密，既
是師生，又是朋友，儘管兩人的觀點並不
完全一致。第二次世界大戰後有一段時
間，由於納粹的問題，海德格被迫停止了
教學，但高達瑪幾乎每個周末都要將他請

至家中，和自己的學生見面，我就是在這
種場合下第一次見到海德格的，那時我才
二十歲，站在這位聞名遐邇的哲學大師面
前，真有點誠惶誠恐，而每次這種相聚同
時也就是一次小型的哲學討論會，它本身
就是一次詮釋學的經歷和實踐，每次對我
來說，都是空手而來，滿載而歸，至今回
想起來，難以忘懷。❼

　　高達瑪一生非常注意將教學和科研相結
合，筆耕不輟，勤奮寫作，儘管在他退休之前
教學、行政工作一直十分繁重，但仍著作等
身，退休後他繼續研究，九十歲以後還在發表
文章、出版書籍，充分表現了生命不息，學問
不止的精神。他的主要著作除了《眞理與方法》
（1960年）外，還有《哲學詮釋學》、《科學時
代的理性》、《理論的讚美》、《柏拉圖—亞里
士多德哲學中善的理念》、《黑格爾的辯證
法》、《對話與辯證法》、《海德格的道路》、
《美的現實性》等等。另外還有《全集》十

卷、《短篇著作集》四卷等。光被譯成英文的
著作就超過十五種，其中包括他的自傳《哲學
的學徒時代》。

　　一九六八年退休後，使他眞正從繁重的教
學工作中徹底解脫出來，他不僅繼續寫作，而
且經常到國外講學，主要是在美國的一些大
學，其中包括著名的波士頓學院、王德彼爾特
大學（Vanderbilt University）和天主教大學
（Catholic University），特別是在波士頓學院的
教學持續了十多年之久，每年秋季學期他都要
來此上課，從而使哲學詮釋學在德國以外，甚
至歐洲以外的地區廣泛傳播開來，並具有了愈
來愈廣泛的影響。

　　他曾榮獲過浦夫茲海姆羅依克林獎（1971
年）、德國斯圖加特市黑格爾獎（1979年）、海
德堡大學的雅斯培獎（1986年）。他還擔任過
德國哲學學會主席、國際黑格爾哲學學會主
席，並與H. 庫恩共同創辦《哲學周刊》多
年。

　　二○○二年三月十三日，高達瑪在德國的

海德堡平靜地逝世，享年一〇二歲。在世界哲
學史上長命的哲學家雖不乏其人，但如此高壽
而又成就卓著的哲學大師恐怕是絕無僅有的。
他爲後世留下了極爲豐富和寶貴的文化遺產，
爲人類思想的發展和進步做出了卓越的貢獻，
值得我們永遠的紀念。

　　高達瑪整個一生的學術發展大體經歷了三
個階段：早期、中期和晚期。相應於這三個時
期可將他的思想分爲前詮釋學、理論詮釋學和
實踐詮釋學三個部分。與海德格不同，它們在
邏輯上具有一貫性，只有「跨越」沒有「斷
裂」。不過相比較而言，他的中期以《眞理與
方法》爲代表的理論詮釋學，奠定了他整個一
生的學術地位，因此，理所當然是本書分析和
論述的重點。另外他的後期詮釋學的實踐走向
也非常重要，本書同樣要涉及。限於篇幅以及
主題的要求，他的早期，即前詮釋學階段的思
想在此從略❽。

註　釋

❶除了漢娜・鄂蘭（Hannah Arendt）外，他幾乎與當時
　或後來在德國有影響的哲學家都有交往。

❷這座小城在第二次世界大戰後根據《波茨坦協定》劃
　歸波蘭。

❸參見高達瑪，《哲學的學徒時代》，英文版，麻省理工
　學院出版社，1985年，第48頁。

❹參見高達瑪，《哲學的學徒時代》，英文版，麻省理工
　學院出版社，1985年，第xiii頁。

❺這也是他後來發表的第一部著作。

❻S. 拉維特斯，〈高達瑪，102歲，他對固定的眞理提出
　質疑〉，載《紐約時報》，2002年，3月25日。

❼此乃根據R.瓦格納教授與筆者一次談話的記錄。

❽本章主要參考了高達瑪的《自述》（載《眞理與方
　法》，中文版，下卷，洪漢鼎譯，上海譯文出版社，
　1999年）、《哲學的學徒時代》，英文版，麻省理工學
　院出版社，1985年，和章啓群的《高達瑪傳》，河北人
　民出版社，1998年。

第二章
哲學詮釋學兩大批判的起點

　　由海德格開創、高達瑪掌門的哲學詮釋學在近代有兩個源頭：一個是德國浪漫主義，另一個是德國唯心主義（主要指康德、費希特、謝林和黑格爾的哲學）。前者產生了近代形態的詮釋學（以施萊爾馬赫為代表），後者產生了近代形態的辯證法（以黑格爾為代表）。這兩個源頭也就是高達瑪思想批判的起點。這種批判和對理解的歷史性的認識息息相關。

　　眾所周知，西方人對「歷史性」達到反思的自我意識是較晚的事，可以說，直到十八、十九世紀這個問題才真正浮出檯面。在此之前，他們對事物的看法往往缺少歷史主義的觀點。而實現這一跨越，是西方思想史包括哲學史發展的一個重要里程碑，稱其為一場「哥白尼革命」也不為過，它對詮釋學自身的發展具有非同小可的意義。

　　這方面最早的「先知」可追溯到義大利傑出的人文主義者——維柯。他明確地提出，人的歷史是由人自己創造的，只有人才能理解它。自維柯以後，歐陸哲學就開始具有了一種

愈來愈深厚的歷史主義傳統。這裏的「歷史主義」是廣義的，可泛指出現於啟蒙主義時代、成熟於浪漫主義時代的「歷史意識」。維柯的不朽之作《新科學》標誌著近代歐洲歷史意識的覺醒，同時，他那堅決捍衛精神科學、反對科學的自然主義的思想，堪稱近現代與科學主義相對立的人文主義哲學（包括詮釋學）的濫觴。

　　然而像尼采一樣，維柯思想的超前性，使其並不屬於自己所處的那個啟蒙時代，由他開啟的歷史主義只是在德國浪漫主義時代，才真正找到最適宜於生長的土壤，而狂飆運動的領袖赫爾德堪稱德意志的維柯。透過赫爾德，維柯關於人類只能認識自己的創造物的觀念，和他的理論所體現出來的偉大歷史感對康德、費希特，尤其是謝林和黑格爾等人都直接或間接產生了深刻的影響。黑格爾許多思想源自赫爾德，他從後者處吸取的主要營養就是歷史主義。

　　此外，產生於十七世紀後期著名的「古今

之爭」（die querelle des anciens et des modernes）
對西方人的歷史意識覺醒，也起了推波助瀾的
作用。儘管最初它只是一場文藝的大論戰，然
而很快其意義就遠遠超出了原來的範圍，成為
「從法國古典主義一直到德國古典時期這一整
個時代的普遍主題」❶，它所爭論的核心可歸
納為：今勝昔，還是今不如昔？古與今、過去
與現在是對立的，還是統一的？這一主題激發
了西方人對歷史性的反思，這種反思摧毀了以
古希臘羅馬文化為典範的要求，使人們逐漸意
識到古代和現代的對立不是絕對的，古今之爭
不再是一種真正的二難選擇，古代和現代之間
不再存在榜樣和效仿的關係。這場爭論持續百
年之久，直到施萊爾馬赫、黑格爾的時代還未
結束。對於我們來說，它的意義主要有二：1.
這場爭論是促成西方近代詮釋學由局部向一般
轉化的重要因素之一。因為它消解了古典文本
的特殊重要性，從而使一切文本都具有了平等
的地位（施萊爾馬赫最先明確地意識到這一
點）。因此，高達瑪將這場「古今之爭」納入

到「詮釋學史前史的範圍」，並稱之為歐洲
「歷史意識覺醒的前奏」❷，而詮釋學反思的
一項重要任務，就是要超越古今之爭所產生的
對立和矛盾，即既不盲目承認現代進步，也不
追求單純模仿古人；2.它極大地刺激了辯證思
維在歷史觀上的形成。這方面的成果在黑格爾
的著作中，尤其是他的精神哲學方面的著作中
得到了具體的反映。高達瑪甚至認為「近代的
主要論題，亦即『古今之爭』，在黑格爾哲學
中獲得了劃時代的解決」❸，即達到了一種辯
證的綜合，它對整個人文科學包括詮釋學的發
展具有深遠的意義。

　　從歷史上看，十九世紀的浪漫運動與十八
世紀的啓蒙運動相銜接，在這個階段，人的歷
史意識達到了空前的高度，以至於後來的高達
瑪說，十九世紀哲學的「一個基本特點似乎
是：脫離歷史意識，事情就不再是可以思維
的」❹。西方從啓蒙主義運動到浪漫主義運動
的發展，也就是歷史意識從興起到完善的過
程，它在狄爾泰那裏達到了巔峰。從這位生命

哲學家開始對歷史性的關注，逐漸成了詮釋學的核心問題之一，直到現代新詮釋學依然如此，只不過歷史性概念在後者那裏被賦予了本體論的內涵。

歷史意識的興起也刺激了西方近代辯證法的發展。我們知道，德國古典哲學可視為德國哲學領域裏的浪漫運動，它的三大貢獻中除了從先驗的角度突出「主體性」之外，便是「辯證法」和「歷史主義」。但在德國古典唯心主義的集大成者——黑格爾那裏，這後兩者不是割裂的，而是統一的。黑格爾哲學本質上就是歷史的，黑格爾辯證法的重大價值之一，就在於將歷史性賦予了哲學。

儘管歷史意識的興起促進了西方近代詮釋學和辯證法的發展，然而它們各自的代表施萊爾馬赫和黑格爾對理解的歷史性的認識，卻存在著巨大的差別，甚至對立，從這種差別和對立中，我們依稀可以看到西方詮釋學後來發展的方向。

一、施萊爾馬赫的「重構説」
（Rekonstruktion）

　　從發生學的角度看，西方詮釋學是一門既古老又年輕的學問，說其古老，是因爲自古希臘以來它就作爲一種「技術」，在局部詮釋學中發展起來了。局部詮釋學主要集中於四個領域：語文詮釋學、法律詮釋學、神學詮釋學和歷史詮釋學，其中語文詮釋學最基本，而神學詮釋學（聖經詮釋學）影響最大。文藝復興以後，尤其是宗教改革以後，詮釋學逐步走出部門的圈子，開始關注具有普遍性的理解原則，但直到了十九世紀的浪漫派那裏才眞正明朗化，這主要應歸功於其重要代表、被狄爾泰譽爲現代「詮釋學之父」的施萊爾馬赫，因爲是他首先自覺地將詮釋學由局部提升到一般的高度，即明確地將理解，尤其是文本的理解作爲

自己研究的對象。

　　眾所周知，一旦語言脫離聲音或對話的具體場景，而進入文字或書寫的狀態，它的意義就會懸浮起來，其能指可以向四面八方敞開，隨著時間的推移，誤解的產生就不可避免，於是詮釋學就出現了。施萊爾馬赫有句名言：「哪裏有誤解，哪裏就有詮釋學」，其意就在於此❺。他明確地將詮釋學定義為「避免誤解的藝術」，並認為詮釋學的一切任務都與此話有關，這個定義使方法論在詮釋學中獲得了重要的地位，而所謂「避免誤解」也就是要把握作者的「原意」、「原旨」。

　　重建作者原意的方式和途徑，在施萊爾馬赫那裏主要是語法解釋和心理解釋。語法解釋是字面的，心理解釋是內在的。在施萊爾馬赫之前，詮釋學的主要關注點是語法解釋，對文本作者的心理解釋尚未從學理的層面納入進來，而施萊爾馬赫首先對二者進行了劃界，並將後者明確地引入到詮釋學中。

　　這裏要強調一點：語法解釋涉及語言的所

有方面（如修辭、語音等等也包括在內），而不只是狹義的語法。同樣，心理解釋也與一般心理學沒有什麼關係，而是一種心理體驗的描述。雖然語法解釋屬「外在」的或客觀的，心理解釋屬「內在」的或主觀的，但施萊爾馬赫認為在具體的理解過程中，二者不可分，它們是對立統一的，相互滲透，具有互補性，而且兩者不分高低，地位完全相等。

不過話雖如此，但實際上，施萊爾馬赫更重視的是心理解釋，而且他的突出貢獻也主要集中於此。正是從這個意義上講，施萊爾馬赫的詮釋學是以心理解釋為歸依的，它既保留著認識論佔主導地位的那個時代的特色，同時也成了詮釋學由局部向一般轉化的重要條件。

雖然真正的理解活動在施萊爾馬赫那裏，指重構作者的創造活動，然而施萊爾馬赫這種建立同層次性的「心心相印」，絕不是簡單的同一化，因再創造的活動本質上總是與原初的創造活動有所不同，浪漫主義的「重構」異於古典主義的「摹仿」，所以施萊爾馬赫在其

《詮釋學》中有句以後不斷被重複的名言：
「我們能夠比作者理解他自己理解得更好」
❻，這個思想的來源和理論背景是盛行於十九
世紀的德國浪漫主義—唯心主義的天才論美
學，而它的最大代表是康德。

在《判斷力批判》中，康德認為，天才透
過「自然」的作用，產生出似乎必然與目的相
一致的典範作品，然而天才並不清楚這些目的
或達到目的的手段，也無法控制或描述其創作
的過程，例如，牛頓能夠解釋他是如何得到萬
有引力定律的，但荷馬卻無法描述他的作品是
如何創造出來的。上述思想可以說構成了浪漫
主義詮釋學的最重要的理論基礎。

它要說明，創作是無意識的，解釋則是有
意識的；創作體現的是對象意識，理解則體現
的是自我意識。這裏似乎用得上中國的一句成
語：「當局者迷，旁觀者清。」不難看出，施
萊爾馬赫已涉及到作者創造的無意識問題，而
解釋者的任務就是將作者沒有意識到的東西帶
到意識中來，也正是從這個意義上，施萊爾馬

赫說，解釋者能夠比作者理解他自己理解得更
好。如果說創造是建構，那麼解釋則是重構，
但這又和解釋者的創造性並不矛盾，因爲文本
的意義並沒有被作者的潛意識鎖定。它表明，
理解者必然從自己的觀點出發進入到被解釋者
中去，這裏面隱含有如下思想：理解並非純粹
回到作者明確的意圖，而是解釋者與被解釋
者、歷史與現實的融合，因此，透過心理重建
能夠使理解者和作者理解得一樣，甚至比作者
理解他自己理解得更好。這裏面突出了理解者
的主體能動性，但又未將其誇大到極端，它包
含有這樣的詮釋學辯證法的思想：既強調理解
要受作者的限制，又應超越這種限制。

　　雖然心理解釋在施萊爾馬赫思想的發展
中，只是逐漸才佔據了重要位置，但它對狄爾
泰卻產生了決定性的影響。因爲對心理解釋的
引入，也就是要求將文本作爲作者個性的統一
體來把握，這樣就使得理解從原來單純的語言
理解，擴大到對整個人的精神生活的理解，矯
正了以往詮釋學對理解與人密切生活關係的忽

略和不自覺。這也是施萊爾馬赫一般詮釋學和
狄爾泰生命詮釋學的一個重要連結點。

　　狄爾泰完全立足於浪漫主義詮釋學的基礎
上，並且更堅決地維護與康德爲代表的天才論
美學的聯繫，這突出表現在他不僅保留了施萊
爾馬赫的心理解釋，而且還從「內在的生活」
出發，強化了這一方面。他特別注重「移情」
（einfuehlung／empathy）對於詮釋學的意義，
將理解逕自看作人的心靈生活的重建，從而使
他的詮釋學較之施萊爾馬赫更帶心理學色彩。

　　但他這裏所提及的心理學，不是指一般效
仿自然科學的那種普通心理學，而是一種「描
述性的和理解性的心理學」，這種心理學以
「體驗」爲核心。它要求深入復原作者或某一
個歷史時期的精神狀態，重建其內在的結構，
並且強調以理解爲特點的歷史性的學科，即人
文科學，都必須建立在這種心理學的基礎上。

　　從這裏，我們不難看到，狄爾泰在接受施
萊爾馬赫影響的同時，又多少超越了他。詮釋
學在狄爾泰手裏已從對文本的解釋，擴大到對

歷史文化的探討，他的詮釋學已與歷史文化哲學融爲一體，並以生命哲學爲歸依，他的生命詮釋學成了他的生命哲學的一個重要的有機組成部分。在這裏，生命被看作是人類生活世界的本質，是人的意志、情感和願望等心理要素的內在經驗。狄爾泰突出的不是它的生物學意義，而是生活的意義、精神的意義。在他看來，人只有置身於自身的生命之流和他人的生命之流的融合中，才會有眞正的理解。

　　不過，儘管狄爾泰同施萊爾馬赫在思想上有差異，但他在總的傾向上仍從屬於浪漫主義詮釋學傳統。如果說施萊爾馬赫確立了詮釋學與自然科學在客觀性理想上的一致，那麼狄爾泰也未能從中擺脫出來。後者所追求的人文科學的理想和模式仍像自然科學一樣，「歷史主義」在他那裏不過是「歷史客觀主義」的別名。

二、黑格爾的「綜合說」
（Integration）

　　與施萊爾馬赫、狄爾泰相反，黑格爾提出了另一種可能性，即透過辯證的綜合，使理解和解釋的得、失互補。在《精神現象學》中，黑格爾鑒於古代生活及其「藝術宗教」的衰亡而寫道，繆斯的作品類似──

　　已經從樹上摘下來的美麗果實：一個友好的命運把這些藝術品給予了我們，就像一個少女把那些果實呈獻給我們那樣。這裏沒有它們具體存在的真實生命，沒有長有這些果實的樹，沒有構成它們實體的土壤和要素，也沒有決定它們特性的氣候，更沒有支配它們成長過程的一年四季的變換。同樣，命運把那些古代藝術作品給予

我們，但卻沒有把那些作品得以開花和結
果的倫理生活的春天和夏天一併給予我
們，而給予我們的只是對這種現實性的朦
朧回憶。❼

　　根據高達瑪的解釋，黑格爾這段充滿詩意
的話語包含有這樣的意思，即理解中的重建的
無效性，恢復藝術作品外在偶緣性的東西，並
不能得到這些作品的眞正意義。因爲作品像從
樹上摘下來的果實，我們透過復原它們的歷史
關係所獲得的「並不是與它們的活生生的關係」
❽。

　　不過，按照黑格爾的辯證法觀點，精神在
自我發展的過程中，不斷在一個更高處面對自
身、理解自身，這就不會是一種外在的活動。
黑格爾在此實際上道出了一個具有決定性意義
的眞理，即歷史精神的本質並不在於重建過去
的東西，而是在過去與現在之間進行思維性的
溝通❾，黑格爾的著作到處都體現出透過思維
來打通或連結古與今、過去與現在。

　　黑格爾的這種潛在的詮釋學觀念可用「綜合說」來命名，它要使過去的精神與現在的生活聯繫起來，力圖在「過去」與「現在」之間完成一個仲介過程，將二者貫通，並且這一仲介同真理相關聯。高達瑪認為，施萊爾馬赫重構過去作品的設想，只是把握真理（意義）的輔助性手段，但並不是達到理解過去作品的真正途徑，如果這樣想，那是荒謬的。因為事實可以重構，意義不可重構，也不在於重構。事實只是意義的載體，雖然皮之不存，毛將焉附，但事實並不就是意義本身，它只是一種基礎和初步的工作而非理解（尤其是人文科學或精神科學理解）的最高目標。理解的最高目標不是意義的事實，而是事實的意義，對事實的掌握並不等於對事實意義的掌握，這一點應從現象學的角度去加以把握。換言之，人文科學的恰當對象不是（科學實證意義上的）事實，而是相對於人的各種意義。「意義」不能重構，意義靠「顯現」，這裏的顯現和主客分離前的狀態有關。模仿作者原意並不能成為理解

的最高旨趣，正如模仿原型並不能成爲藝術的最高旨趣一樣。所以，高達瑪說，「歷史理解的真正對象不是事件，而是事件的『意義』」❿。

　　同施萊爾馬赫相比，高達瑪認爲，只有黑格爾的途徑才更有價值，因爲黑格爾已意識到意義只產生於當下和歷史的聯繫中。重構之不可能，就像一個人不能兩次踏入同一條河流一樣，而且也沒有意義。高達瑪的學生，即《真理與方法》的主要英譯者J. C. 維舍默，也對此作過深刻地解釋，他寫道：歷史的流傳物，如一件藝術品已不可避免地從它的原初世界中被分離出來，就像果實從樹上被採摘下來一樣，它不再是它所曾是的那個原初統一體中的一部分，並且也不可能透過歷史的重建還其本來面目，正如不能將摘下的水果再還原到樹上去一樣，除非讓水果爛掉，否則，我們所能做的只能是將它們吃掉，用我們的牙和胃咀嚼、消化它們，使其成爲我們身體的一部分，這樣與原初世界的不同和分離，恰恰使新的吸收和同化

成為可能⓫。高達瑪有時就將理解比喻為一種
精神生命的消化活動。

　　以上所述施萊爾馬赫和黑格爾的對立，突
出了如何正確地把握「理解的歷史性」問題，
而解決這個問題是現代詮釋學發展的關鍵。按
照筆者的看法，西方近、現代詮釋學與兩大反
思有關：一是對解釋對象的歷史性反思產生了
方法論詮釋學；一是對解釋者自我的歷史性反
思產生了本體論的詮釋學。它們反映了兩種不
同的歷史意識，前者與自然科學同源，後者與
黑格爾的辯證的歷史本體論同源。對歷史意識
的批判是高達瑪詮釋學的一個重要方面，而且
哲學詮釋學的力量在很大程度上體現在這個方
面。高達瑪看到了以施萊爾馬赫為代表的浪漫
主義詮釋學，從反思的層面上突出了理解的創
造性，即我們能比作者理解他自己理解得更
好，但由於近代詮釋學在理解的歷史性這個極
重要方面的觀點是片面的，其具體表現為對理
解者自我及其歷史性的遺忘，因此它最終還是
回到作者的原意，不可能真正深入地把握詮釋

學的深刻本質。

　　有鑑於此，高達瑪明確提出，不能將避免
誤解或重構作者原意，看作是詮釋學的根本任
務，文本有其自身的意義和生命。他承認，在
海德格思想的推動下，他曾致力於使浪漫主義
詮釋學的發展「產生一個哲學的轉向」，即本
體論的轉向，「而這一轉向是與黑格爾那無所
不包的綜合概念分不開的」❷。黑格爾的「綜
合說」對高達瑪的意義，相當於康德的「天才
說」對施萊爾馬赫的意義。

　　但是，雖然在施萊爾馬赫與黑格爾之間，
高達瑪偏向於後者，然而他所接納的已不是黑
格爾辯證法的原有形式，他對黑格爾的理解在
相當大的程度上仰仗於海德格的「眼光」，並
對之進行了批判性的揚棄，這在理解的歷史性
方面充分體現出來了。

　　我們知道，海德格區分了時間性和永恒
性，認為這兩個概念是對立的，前者是相對
的、變化不定的；後者是始終如一、絕對不變
的。前者與歷史相關，後者與超歷史相關。黑

格爾追求的是後者，而海德格追求的是前者。
黑格爾一味抬高思維和概念，具體的歷史性對
於他來講，是某種應逐漸被揚棄掉的東西，精
神的發展最終要進入到無時間，因此他所理解
的歷史實際上是「先驗的歷史」和「現實的歷
史」的調和，而且最終卻「走出」了歷史，超
越於時間之外，這是高達瑪所不取的。他站在
現象學的高度，對黑格爾歷史主義的理論基礎
進行了根本性的置換，這種置換爲詮釋學從方
法到本體的嬗變所驅使，透過批判性的揚棄，
最終使得哲學詮釋學在一個非常重要的層面
上，超出了德國浪漫主義—唯心主義的傳統。

註　釋

❶ 高達瑪，《真理與方法》，德文版，第166頁；中文版，上卷，洪漢鼎譯，上海譯文出版社，1992年，第230-231頁。以下凡引此書只注版本、頁碼。

❷ 高達瑪，《科學時代的理性》，德文版，法蘭克福，1976年，第89頁。

❸ 高達瑪，《黑格爾的辯證法》，德文版，圖賓根，1980年，第9頁。

❹ 高達瑪，《黑格爾的辯證法》，德文版，圖賓根，1980年，第102頁。

❺ 高達瑪的學生R. E. 帕默爾稱，「人是『詮釋學的動物』」（hermeneutical animal），此話非常深刻。參見R. E. 帕默爾《詮釋學：施萊爾馬赫、狄爾泰、海德格和高達瑪的解釋理論》，英文版，西北大學出版社，1969年，第118頁。

❻ 轉引自《狄爾泰選集》，英文版，第4卷，普林斯頓大學出版社，1996年，第232頁。另參見施萊爾馬赫的話：「我們能夠比柏拉圖理解他自己理解得更好」（載《施萊爾馬赫關於柏拉圖對話的導言》，英文版，倫敦，1992年，第5頁）。其實康德是第一個作如是表述的人，施氏這裏實際上是重複康德講過的話（參見《純粹理性批判》，A314，B370）。不過他在《詮釋學》中是這樣表達的：「我們能與作者理解得一樣或比他更好」。但他自己，尤其是後來的狄爾泰、高達瑪都強

調這句話的後一半，即「比他更好」。

❼黑格爾，《精神現象學》，下卷，賀麟、王玖興譯，商務印書館，1979年，第231頁。

❽高達瑪，《真理與方法》，德文版，第160頁；中文版，上卷，第220頁。

❾參見高達瑪，《真理與方法》，德文版，第161頁；中文版，上卷，第221頁。

❿高達瑪，《真理與方法》，德文版，第311頁；中文版，上卷，第422頁。

⓫參見J. C. 維舍默，《高達瑪的詮釋學》，英文版，耶魯大學出版社，1985年，第131頁。

⓬參見高達瑪，《科學時代的理性》，英文版，麻省理工學院出版社，1981年，第39頁。

第三章
哲學詮釋學的兩條基本線索

　　從總體上看，在高達瑪詮釋學內部存在著
一個類似DNA的雙鏈雙螺旋的結構，它由兩
條基本線索所組成：一個是現象學的；另一個
是辯證法的。這兩條線不是平行的，而是相互
交織在一塊的，二者構成了哲學詮釋學內部的
複線。由於這條複線具體體現於後面將要講到
的哲學詮釋學的方法和內容之中，它們之間存
在著一種重疊和交叉的關係，因此，這裏我們
只是著重從歷時的角度梳理一下它們各自內在
發展的源流，至於共時的分析，讀者可參看後
面三章，筆者針對它們，分別從方法和內容上
作了具體的闡述。

　　如果我們要真正深入理解高達瑪的詮釋
學，就必須將整個西方哲學史的背景帶進去，
而對於高達瑪哲學詮釋學內在的這兩條線索的
把握須從兩個方面入手：一是由胡塞爾開創、
海德格加以發展和推進的現象學運動；二是以
柏拉圖、黑格爾為代表的西方辯證法傳統。

一、接續現象學的運動

（一）反方法主義的理論背景

　　現象學構成了哲學詮釋學的一條基本線索，但它必須和高達瑪的反方法主義立場聯繫起來，才能得到深刻的理解。

　　我們知道，西方詮釋學的發展大體上經歷了一個「三級跳」過程：從方法到方法論再到本體論，而海德格對理解的本體論意義的發現，是迄今為止西方詮釋學最重大的轉折❶。如果說高達瑪詮釋學的出發點是對認識論時代的方法主義批判，那麼海德格則為這種批判確定了基調。海德格反形而上學的立場構成了高達瑪反方法主義的一個重要理論背景，他對該問題揭示的幅度是空前的，這就是深入到西方哲學中「存在」（sein）這一最基本的概念。

　　在海德格看來，人本主義和技術主義是西方形而上學的兩個不可分割的部分和必然結果❷，而把主體的方法置於客體之上的觀點，正是現代性思維的重要特徵之一。海德格對現代性（modernity）的批判就是從主體性（subjectivity）入手的，因爲現代性是以主體性爲標誌的，在哲學上它始於笛卡兒的「我思」。

　　從這一點開始，海德格的整個學術生涯都貫徹了對現代性的批判，它主要是圍繞著哲學上的「主觀主義」和「人類中心論」展開的，其中包括對技術主義的批判（因爲「現代性」與「技術性」分不開）。這種批判是帶有根本性的，它一直追溯到整個西方形而上學的開端，而且深入到語言這個層面。

　　與語言相關聯，形而上學同「這是什麼」的追問方式聯繫在一起。這個「什麼」總是指向對象、在者的。但就存在而言這種追問只能是南轅北轍，緣木求魚，因爲它追問的是「存在」，回答的卻是「在者」，這裏的存在與在

者，亦即顯現與顯現者、生成與生成者被混為一談。然而，「存在」不是在者，不能對象化、整體化，海德格所謂「存在即無」就是從這個意義上講的。西方傳統形而上學對存在的遺忘乃是對「本體論差異」的遺忘，歸根到底是對「無」的遺忘。把存在當作一個「什麼」來追問，使哲學誤入歧途；因為這一「問」隱含著一種對待態度，即形而上學的對象性思維方式和認知的態度。可以說對象化的思維方式導致了對存在的遺忘，同時也可以說對存在的遺忘強化了對象化的思維方式，它們是互為因果的。

　　上述海德格的「有—無之辨」奠定了整個哲學詮釋學的基礎。高達瑪將詮釋學視作哲學一個普遍方面，而非只是精神科學方法論的基礎，即是由此引伸而來的。他在詮釋學上對方法主義的批判，所接續的是海德格對形而上學的批判，並且是這種批判的進一步深化。

　　從西方詮釋學史上看，詮釋學首先是一門實踐性很強的應用學科，這一特點決定了它與

技術、方法密不可分，其目的是透過方法去實現對作者原意的「捕捉」。西方「詮釋學」（hermeneutik／hermeneutics）在詞源上與希臘的神「Hermes」（赫爾墨斯）❸有關，Hermes是諸神的信使，所司之職主要是將諸神的旨意傳達給凡人，但他並不只是從字面上告訴他們神的「消息」，而是將這種消息翻譯成世俗的語言使凡人能夠懂得，因為神、人之間各自所操的語言是不同的，而Hermes具有將超越於人所能理解的東西，轉換成人能夠理解東西的能力，這種能力包括「翻譯」和「解說」兩個方面。另外還有一種講法認為，"hermeneutics"來自"hermeios"，後者指古希臘仲裁、解釋有關德爾斐（阿波羅）神諭（Delphic oracle）的祭司❹。

在部門詮釋學中，主要在語文詮釋學、神學詮釋學、歷史詮釋學和法學詮釋學中，詮釋學體現為一種「技術」或「方法」。可見，詮釋學的方法主義傾向並不是從近代才開始的，它源遠流長。在西方思想文化的開端處，哲學

（形而上學）和科學同源，這一點理所當然地
會影響到詮釋學。

　　"hermeneutics"這個詞出現於十七世紀，
它一開始就和解釋的原則、方法相聯繫❺，並
與近現代自然科學和認識論哲學的發展相適
應，它是隨著方法論概念和科學概念的產生而
被使用的。現代科學本身已經「技術」化了，
而且技術化的程度愈來愈高，自然科學以求
「眞」爲目標，它憑藉方法、工具、手段來通
達「眞」，而知識無非是運用方法的結果。因
此，從這種意義上講，自然科學具有「方法
性」，它以方法論爲指導，並以從方法上去保
證眞理的思想爲基礎和前提。在西方近代的這
種氛圍下，古代局部詮釋學的方法主義傾向，
則從認識論中，被高度得到了進一步的強化和
提升。

　　到了浪漫派那裏，詮釋學乃被介定爲避免
誤解的技術，施萊爾馬赫所提出的普遍詮釋學
的設想，只不過是一門包括各種解釋規則的方
法論。由此可見，從局部詮釋學到一般詮釋學

的發展，無非就是從方法到方法論的發展。

　　當然，近現代的人文學者以自然科學為模式，來保證他們學術工作的科學性，並非指他們採取了許多自然科學的具體方法，這是不可能的，而主要是說他們接受了一種「方法的意識」，這種意識屬於自然科學的立場，即要求在主體方面必須中立化，以客觀無偏見的態度去面對對象，並以某種方法去通達「真」。在這種態度指導下的方法論詮釋學，就是一種詮釋學的實在論，它以符合論的真理觀為前提。

　　然而，當代新詮釋學與傳統舊詮釋學在旨趣上發生了根本的不同。在前者的視域中，詮釋學首先就在於它並不是各門科學方法論，而是與人的歷史性存在息息相關。海德格的此在詮釋學可以說在這方面邁出了關鍵性的一步，而高達瑪對方法主義的批判是對它的補充。

　　除此之外，在人文科學（精神科學）自身發展的傳統內，它一方面受到自然科學的侵襲，另一方面也一直存在著跳出它的陰影的趨勢，這一點也影響到詮釋學。在十七世紀以

前，人文科學的教學傳統主要建立在辯證法和
修辭學的基礎上，而辯證法和修辭學是聯繫在
一起的，同時它們又和詮釋學聯繫在一起。只
是從十七世紀方法論意識興起開始，特別是到
了十九世紀人文科學的實際發展，才完全受到
自然科學模式的支配，人文科學的傳統同修辭
學與辯證法的密切聯繫才日漸削弱，但是它們
的聯繫始終並沒有完全消失和中斷。

　　另外，德國浪漫主義─唯心主義傳統一直
存在著背離自然科學支配的傾向，稍稍有一點
歐洲思想史知識的人都會知道，整個德國浪漫
主義─唯心主義傳統並不把自然科學地位看得
那樣高，這與英美哲學傳統不同。西方近現代
詮釋學之所以產生於德國，筆者以為，絕非偶
然，因為德國傳統的浪漫主義─唯心主義與近
現代詮釋學的關係最為密切，與人文科學的精
神最為貼近。例如，康德最先明確區分了現象
界與本體界，並認為實踐理性高於理論理性，
這一思想就隱含著對科學主義模式的挑戰。他
在美學中的「天才論」、「共通感」，對浪漫主

義詮釋學的影響是有目共睹的。由於他突出了
情感、移情和天才的作用和地位，大大減緩了
人文科學對自然科學方法論的依賴❻。

　　黑格爾亦是如此，他的整個哲學體系的發
展都顯示出精神科學高於自然科學，依黑格爾
之見，自然界只是理念的異化或外化，自然界
本身發展的階段不過是精神力圖要超出的一個
環節，而一旦精神完全超脫出來後，自然界也
就成了類似蛇蛻下的一層皮，被拋在了一邊。
除了「有限的」自然科學外，絕對精神對這層
「皮」不再有興趣，它是在藝術、宗教、哲學
中得到最高表現的。

　　另外，黑格爾《精神現象學》中所提出的
「教化」、「客觀精神」等概念，以及他對實證
性的批判，應當說對於人文科學和詮釋學的發
展，具有十分重要的意義，其貢獻並不在狄爾
泰之下。這裏特別引人注目的是關於「教化」
的概念。「教化」（bildung）一詞，被高達瑪
譽為十八世紀西方最偉大並佔據主導地位的思
想，而且是十九世紀人文科學賴以存在的要素

❼。「教化」的重要性不僅表現在它與文化的密切聯繫，而且表現在它同修養有關，同教育有關，同由個別上升到普遍有關，它不可能從方法和技術上加以規定。該詞包含有從變異到存在或保存的含義，教化過程中所吸收和同化的東西都被保存和積澱下來了，正是保存的歷史性質，使得教化對於人文科學的理解具有了特別重要的意義，它同詮釋學的關係是透過與人文科學的關係表現出來的。

高達瑪認爲黑格爾在他的《精神現象學》中，對什麼是教化作了最清楚的說明。在黑格爾看來，人的本質就在於能超越自己的直接性、本能性、個別性，將自己提升爲一個普遍的精神存在；人的普遍性是透過教化建立起來的，教化作爲向普遍性的提升，乃是人類的一項基本使命，同時這也是人相互理解的根本保證。假若人沒有這種透過教化所達到的普遍性，就不可能實現相互理解，因爲任何理解是建立在同一性和差異性的矛盾對立統一之基礎上。如果人與人之間只有差異性而沒有同一

性，我們就不可能相互理解，因爲你講的我不可能懂，我講的你也不可能懂；如果人與人之間只有同一性而沒有差異性，那麼我們就用不著去相互理解，因爲你講的我都懂，我講的你也都懂。恰恰只有在人與人之間既存在著同一又存在著差別的矛盾中，才會產生相互理解的需要和可能。在這裏，同一是基礎，因爲同一既是理解得以可能的條件，也是理解最終所要達到的目的，而離開了教化，這一切就談不上。總之，教化是理解的前提，同時，理解又會幫助人去實現新的教化，而且教化是一個永恒持續不斷的過程，在這個過程中，人們不斷地塑造著共同的視域❽。對於這一點，我們是不可能從方法上來加以說明的。

　　當然，高達瑪寫作《眞理與方法》的眞正動機，並不是要造成眞理和方法之間的對立，而只是要表明科學方法的局限性。高達瑪所要反對的是方法主義，而不是方法本身，他更關心的是對方法論基礎的反思。

（二）現象學之途

　　高達瑪在詮釋學領域反對方法主義，是同現象學的基本立場分不開的。現象學以一九○○年胡塞爾《邏輯研究》的發表爲標誌，如今它早已構成了當代歐洲大陸哲學的內在視野。如果說，現代科學主義的發展，忘記了人的生活世界和人文科學的意義，那麼現象學則要力圖挽救這種意義。

　　胡塞爾將自己所開創的現象學，稱爲西方哲學史上繼柏拉圖、笛卡兒和康德之後的「第四次哥白尼革命」。它以意向性的理論爲基礎，反對自然主義、心理主義、歷史主義和人類學主義。它的一項基本原則就是要超越主客體之間的對立，並把揭示行爲與對象的本源關係作爲自己探索的目標，它所突出的是一種本源意義上的事情本身，所講的不是脫離意向性的外在事物，而是在意向性中顯現的那種在場或存在，即直接經驗中所呈現的純粹直觀內容，而不問其實在性。這些思想極大地削弱了

傳統認識論和客觀主義的基礎，直接爲哲學詮
釋學的出現準備了必要的條件。然而，高達瑪
反方法主義雖然是從現象學的立場出發，但這
種立場又不是原封不動地照搬和移植自胡塞爾
的思想，尤其是後者的非歷史主義傾向很難與
哲學詮釋學相容，要解決這個問題，就必須對
胡塞爾現象學進行一番批判性的改造。

　　我們知道，作爲一個啓蒙精神和理性生活
理想的眞誠鼓吹者，胡塞爾建立現象學的目
的，是要探討知識的絕對基礎和最終根據，這
就是純粹的意識和超驗的自我。現象學在他那
裏不是作爲事實的科學，而是作爲本質的科
學。他採取一種反省的立場，把笛卡兒、康德
的主觀唯心主義路線貫徹到底，最終陷入到極
端的先驗論中。他對純粹本質的絕對科學地追
求，暗含一種新的形而上學。他終因將主體看
成一切客體的基礎，而墮入到一種徹底的主觀
主義之中不能自拔。

　　從胡塞爾的先驗論現象學到海德格的存在
論現象學（即詮釋學現象學），是現象學發展

過程中的重大轉折，兩者屬不同類型的現象
學。海德格對胡塞爾先驗本質現象學的改造，
主要集中在兩個方向上：1.把先驗論現象學改
造成本體論現象學，用「人的存在」（此在）
去替代胡塞爾的「純粹自我」（意識）；2.把
本質直觀的現象學改造成為詮釋學的現象學。

　　經這一改造，現象學不再是一種從外部運
用到本體論之上的方法，現象學本身就成了本
體論，而且還是詮釋學的。在這裏，現象學是
作為詮釋學實現自身的，這樣，海德格在本體
論的基礎上把詮釋學和現象學統一起來了，也
就是把狄爾泰歷史主義的詮釋學，和胡塞爾非
歷史主義的現象學統一起來了，從而在現象學
領域裏實現了對歷史主義的拯救。

　　當然，海德格提出之詮釋學的現象學，與
胡塞爾的現象學並不是完全脫節的。我們知
道，「意向性」和「意向對象」是胡塞爾現象
學最基本的概念，但海德格詮釋學現象學或此
在現象學一般不使用這個字眼，因為這樣做，
認識論、主觀性（主體性）的色彩太濃，這並

不是海德格的哲學所要追蹤的方向，他的前理
解結構，可以與胡塞爾的意向性相聯繫，但他
的處理方式有了很大的改變：將其本體化了，
歷史化了，而不將它完全看成是主觀性的意
識。海德格的前理解結構包括前有、前見和前
設❾，所有這些同人的被拋存在狀態分不開，
它作為一種既定的或先行給定的事實，是一個
人無法迴避、無法選擇的，同時它也是人理解
的前提條件。我們不可將其完全歸結主觀化，
它具有某種客觀性，它決定了我們的視域（地
平線）、世界觀。例如，當命運將一個人的生
命拋擲在古代的印度，那麼他只能以那樣一種
方式去理解和認識世界；當他被拋擲在西方的
中世紀，那麼他也只能以那樣特殊的方式理解
和認識世界，命運將我們的生命拋擲在二十至
二十一世紀之間，那麼它只能以我們當前有的
一種方式理解世界，等等，這說明海德格所確
立的前理解結構，恰恰要挑明的是理解的非隨
意性，而不是隨意性，它和人的歷史性有關，
歷史性和相對性有關，但相對性並不等於就是

相對主義，這樣他就將胡塞爾的意向性置於一個堅實的基礎上。這是對胡塞爾意向性理論的重要拓展和推進，其方向不是主觀性而是客觀性。不過，這種客觀性不是自在的客觀性，而是主客分離前的那種客觀性。

與之有關，海德格的現象學詮釋學又叫「事實詮釋學」（hermeneutik der faktizitaet ╱ hermeneutics of facticity）。這個概念非常重要，它在海德格早期弗萊堡時期（1915-1923年）就提出來了，在其後來發表的《存在與時間》中得到了進一步的確認。這裏所謂的「事實」（faktizitaet ╱ facticity）指「此在」，即人的「被拋」、「在世」狀態，它意味著「生存」，包含具體的時間和空間。這是一種事實，這種事實將自己和自己的可能性聯繫起來了❿，因此，海德格的「基礎本體論」實際上就是「事實本體論」，它強調理解首先是由人的存在所決定，而不是由方法決定的。

另外，海德格的「事實詮釋學」這一名稱，還同胡塞爾現象學關於「事實」和「本質」

關係的理解相對立。我們知道，胡塞爾的現象學是要透過探討經驗對象顯現的方式，來揭示它的本質意義，它所面對的是意向性的世界，而要將「事實的世界」懸置起來。對於他來講，本質不依賴於事實，相反，事實要依賴於本質。從這個意義上講，現象學是一門本質的科學，或先驗的科學，而不是一門事實的科學。在他那裏，整體現實世界實際上被還原到超驗的主體，最後現實世界除了是意識的關聯項外，什麼也不是。

海德格反其道而行之，認為「事實」比「本質」更基礎，也就是說，人的「存在」比人的「意識」或「認識」更本源。他用「事實詮釋學」進一步說明了人最基本的活動並非是對象性的認知活動，而是與理解和解釋相伴隨的人與世界打交道的活動，即生活實踐的活動，至於認知活動、科學活動皆以此為基礎。在胡塞爾那裏，事實只是本質真理的範例，而在海德格哲學中，「本質」和「事實」具有一種更加密切的內在關聯，後者是前者的基礎。

如果不是對事實（或存在意義上的）真理先行
有所領悟（生存意義上的體驗），我們就不可
能把握本質意義上的真理，因為反思具有前反
思的根源。這就是海德格稱現象學的詮釋學，
或者此在現象學為「事實詮釋學」的根本理
由。海德格這一觀念，實際上挑明了理解對生
活實踐的依賴關係，也就是說，人與世界首先
發生的不是理論的關係，而是前理論的關係，
即實踐的關係，只有在這種關係中，存在者之
「存在」的意義才會「顯露」出來，並具有自
明性。

　　海德格提出事實詮釋學，以與胡塞爾的先
驗現象學相抗衡，這一點極大地影響和激勵了
高達瑪❶。海德格的「事實詮釋學」規定了高
達瑪詮釋學發展的基本方向，後者保留了這一
術語。不過在海德格那裏，「事實」更多指本
源地被拋入的存在狀態，而在高達瑪那裏，則
更突出的是「事實」與人所屬之傳統的密切聯
繫。儘管兩人的側重點有所不同，然而意義卻
是相通的。

　　從總體上看，高達瑪前見說直接來自於海德格的前理解理論，但它間接地與胡塞爾的意向性理論有關，同時又是對後者的超越。另外，這兩位思想大師都有一種將胡塞爾現象學，從主觀性向客觀性扭轉的傾向，當然這種客觀性不是傳統的那種「見物不見人」的客觀性，而是一種置身於主—客分離之外的客觀性。

二、接續辯證法的傳統

　　辯證法構成了哲學詮釋學的另一條線索。高達瑪對辯證法的研究是他整個詮釋學理論不可分割的組成部分，可以說離開了辯證法，哲學詮釋學是建構不起來的。高達瑪的弟子R. E. 帕默爾稱其解釋理論具有辯證的性質，甚至直呼為「辯證法的詮釋學」（dialectical hermeneutics）⑫，這是很有見地的。

　　高達瑪研究辯證法，並非出於方法論的興趣，而是本體論的要求。理解本來就是一個辯證的過程，詮釋學需要辯證法，辯證法也需要詮釋學。高達瑪最終完成了辯證法同詮釋學之間的「嫁接」，建立起了一種「詮釋學辯證法」（die hermeneutische dialektik／the hermeneutical dialectic）。在這個過程中，他始終同黑格爾、柏拉圖保持著一種密切的對話關係。高達瑪最看重的是黑格爾的現象學和邏輯學，對它們的評述最多。前者對他的影響主要在理解的歷史性方面，後者對他的影響主要在理解的語言性方面，它們都與辯證法有關。同時，高達瑪也極為看重柏拉圖的對話，並使之成為自己解釋理論的重要參照。黑格爾的思辨辯證法與柏拉圖的對話辯證法有著某種接近之處。而且在超越主觀性方面，二者也類似。所有這些都對哲學詮釋學具有重要的影響。

　　高達瑪公開宣稱，「辯證法必須在詮釋學中被恢復」❸。這句話實際上包含兩個方面的意義：一是要透過辯證法來改造已有的詮釋

學，同時又要用詮釋學來改造已有的辯證法，以恢復它們的真正活力。如果說海德格於存在論的意義上，提出了「詮釋學現象學」的概念，使詮釋學和現象學達到了統一，那麼高達瑪則在此基礎上，提出了「詮釋學辯證法」的概念，並真正使詮釋學與辯證法達到了統一。下面我們來看一看，高達瑪是如何具體將詮釋學和辯證法結合起來的。

　　我們知道，青年高達瑪的成長環境主要是新康德主義的重鎮馬堡大學，他的業師那托普乃是新康德派的重要代表人物之一。新康德主義將康德的物自體與現象二元論加以克服，其方式是用認識論來限定本體論，對象完全由認識來決定，物自體只具有認識論上的範導作用，從而將現代先驗主體性哲學發展到絕對化的地步，胡塞爾的現象學就出自於此。他們的共同特點就是突出認識論和主體性，雖然並未取消本體論，但都是從認識論出發來看本體論的，並使後者從屬於前者，因此，淡化了本體論。而哈特曼首先明確顛倒了近代以來，關於

本體論和認識論的這樣一種關係，將前者置於
首位，指出本體論是認識論的基礎和前提，但
由於哈特曼未能區分本體論的差別，所以他的
本體論並沒有走出傳統形而上學的陰影，即他
所追尋的本體論是存在者的本體論，而不是存
在的本體論。相反，海德格完成了這一轉變。
對於他來講，哲學首先不是認識論，而是本體
論，詮釋學也應如此。高達瑪之所以能反戈一
擊，從新康德主義的陣營中走出來，並靠近黑
格爾及其辯證法，主要得益於哈特曼和海德格
的這種影響。他經常援引黑格爾《精神現象學》
中的實體即主體的思想，來說明理解和解釋是
本體論和認識論的統一，就表明了這一點。我
們可以看到，在新康德主義之後有一個黑格爾
主義的復興。黑格爾主義的那種集本體論、認
識論、方法論和邏輯為一體的理論追求，成了
哲學詮釋學發展的重要參照，但這裏必須強
調，它的理論背景已發生了根本的轉換。

　　也就是說，哲學詮釋學大體上是按照海德
格所確立的路標前進的，它在這一領域裏不僅

實現了本體論的轉折，而且這一轉折在高達瑪
看來與黑格爾那包羅萬象的「綜合」概念密不
可分。黑格爾將從古希臘發展出來的邏各斯首
次運用於歷史領域，鮮明地提出認識歷史理性
的任務和要求，這具有潛在的詮釋學意義，然
而由於他所追求的是一種絕對的知識即真理的
全體，因此，一開始就同科學主義的時代精神
相背離，並遭到了強有力的抵制，在這方面他
的歷史哲學與自然哲學命運相同❶。

　　儘管如此，高達瑪看到黑格爾的遺產，尤
其是他的「客觀精神」這一概念並未過時，它
有超越於新康德主義，以及由這個氛圍所產生
出來的胡塞爾現象學的地方，並指出了一條克
服現代主觀主義片面性的道路，而這一點對哲
學詮釋學具有特別的意義。可以說，黑格爾以
復辟十七世紀形而上學的方式對主觀精神所作
的批判，乃是留給當代哲學思想的偉大遺產之
一，他的辯證法貫穿著一種反主觀主義和反心
理主義的傾向，這正是海德格和高達瑪的思想
所嚮往的。而以施萊爾馬赫和狄爾泰為代表的

古典詮釋學，走的則是一條心理主義的道路，
他們所強調的「心理解釋」、「移情重構」乃
是近現代主觀主義在詮釋學領域中的體現，這
裏反襯出黑格爾的「客觀精神」，以及與之相
關聯的辯證法和哲學詮釋學的共同立場，於是
高達瑪背棄了詮釋學上心理重建的道路，而追
隨黑格爾的「綜合」說。

　　但是黑格爾的辯證法並不徹底，它存在著
獨斷性和絕對性的一面，這在其歷史觀上表現
了爲歷史的開放性和歷史的終結性之間，不可
調合的矛盾。高達瑪認爲哲學詮釋學不應重複
這種矛盾，追求絕對和全部眞理只是黑格爾的
幻想。因此高達瑪讚賞他的「客觀精神」，反
對他的「絕對精神」，而且這促使高達瑪放棄
黑格爾的「眞無限」而走向「惡無限」，並爲
之辯護。他認爲「惡無限」意味著終點是在時
間之內無限延遲的到來，此乃無限之眞正的本
質。不過，黑格爾雖然愛好同一性，但還是給
「惡無限」留下了地盤，理解作爲一個無盡的
過程所體現的就是一種「惡無限」。因此，他

聲稱，哲學詮釋學就是要挽救和恢復黑格爾的
「惡無限」名聲。

　　另一方面，海德格的事實詮釋學對人的歷
史性進行了徹底的反思，這種反思與胡塞爾的
先驗現象學對歷史性的排斥是對立的。胡塞爾
堅決反對歷史主義，認為歷史主義必然導向相
對主義，而相對主義與他的現象學把哲學作為
嚴密的科學來追求的目標相左，但是海德格對
此在的歷史性之透徹思考，是很難被胡塞爾當
作相對主義一筆勾銷的，他要從現象學中拯救
歷史主義。高達瑪認為，海德格轉向事實詮釋
學，背離按新康德主義模式強調意識唯心論的
胡塞爾，同黑格爾對「外在反思」的批判非常
接近❶。早期的海德格注重歷史性，晚期的他
更喜歡使「命運」（destiny）或「天命」
（fate），接近他早期所使用的「歷史性」的表
達，但更突出的是某種神秘、必然的不為主觀
意志所支配的東西。它使我們很容易同古希臘
命運悲劇聯繫起來。海德格有一種強烈的古希
臘情結，想必在這個方面不可能不受其影響。

實際上，「命運」這個詞，就包括著必然性，
但海德格似乎不願用「必然性」，而寧願用
「命運」這個詞，但它還是接近了黑格爾的思
想。

　　然而，黑格爾在海德格眼裏，始終是現代
性哲學的最後形式之一，這種哲學為主體性的
觀念所支配，雖然海德格並非未看到黑格爾在
克服主觀唯心主義的狹隘性方面所作的努力和
貢獻，但由於黑格爾畢竟是主體性哲學的集大
成者，其絕對精神無非是人的主體精神之擴張
和實體化、外在化，這樣一來，黑格爾客觀精
神的積極意義在海德格那裏，就沒有受到足夠
和充分的重視，而高達瑪看到了這一點，他意
識到胡塞爾的著名口號：「回到事情本身」與
黑格爾對辯證法的追求具有某種一致性，並直
接了當地指出，哲學詮釋學首先是從黑格爾那
裏繼承了對主觀精神的批判的❶。

　　在這個方面，高達瑪也得益於狄爾泰思想
的重要啟示，後者在很大程度上超過了新康德
主義的認識論，並發揮了黑格爾客觀精神的全

部學說。根據這種學說,精神不僅具有主觀
性,而且具有客觀性,它在人類社會生活的各
個領域中得到具體的表現,並作為「文化」使
自己成為可能理解的對象❶。雖然狄爾泰的精
神科學的認識論最終還是向歷史實證主義作了
妥協和讓步,但他從心理學走向詮釋學的道
路,實際上遠遠超出了精神科學方法論的範
圍,並引導他向黑格爾靠攏,而且證明了這一
遺產的重要價值。

　　與此同時,高達瑪還不斷地與古代哲學家
尤其是柏拉圖進行對話,在這個方面,他得益
於祁克果思想的啟迪,並以一種迂迴的方式,
經過了祁克果,從而在詮釋學上走向了融合黑
格爾和柏拉圖的辯證法道路。

　　高達瑪曾多次提到祁克果的生存辯證法對
他的影響。這種辯證法與黑格爾的辯證法存在
著根本的差異,它直接與「生存」(existence)
相關。由此他重新確立了可能性與必然性之間
的關係,認為前者先於後者,而面向未來是可
能性之自由的條件,可能性為未來所賦予,在

這種自由中，生存實現它自身。

祁克果第一部論著的標題《或此／或彼》（either／or）就對黑格爾具有挑戰性，高達瑪十九歲就讀到了它，並受到震動。它傳達出某種黑格爾思辨辯證法中所缺少的東西：人的基本生存就是抉擇，這種抉擇在「或此／或彼」的辯證法中，它實際上就是人生存的基礎，並超出了概念理性。如果說黑格爾重對立面的統一與和解，那麼祁克果則不承認合題，在他那裏強調的是「悖論」（paradox）。黑格爾重必然，祁克果重選擇；黑格爾重現實，祁克果重可能；黑格爾重肯定，祁克果重否定，雖然前者也強調否定，但這種否定在克氏看來並不真實，因為黑格爾絕對的實在（absolute reality）最終是純粹肯定的存在。

與之相關，祁克果也反對黑格爾的辯證邏輯，認為它不能解釋生存的運動。「生存」即「現世的生成」（temporal becoming），它是不可能用邏輯的仲介過程去充分說明的，一旦納入這種系統中，生存就會喪失其自身。

　　祁克果自己對辯證法的理解，深受柏拉圖對話中的蘇格拉底形象影響。他的博士論文就是以《蘇格拉底的反諷概念》為題的。克氏將蘇格拉底的「反諷」理解為無限的否定性，以示與黑格爾肯定的辯證法相區別。換言之，他強調的是辯證法的解構性，而非它的建構性。但柏拉圖筆下的蘇格拉底的辯證法具有肯定的功能，它導致了對真正共同的東西的重新認同，而這個方面恰恰是黑格爾辯證法所要發展的方向，但被祁克果所忽視，然而它對詮釋學具有重要的意義。

　　祁克果同黑格爾在辯證法方面的對立深深吸引著高達瑪，使他看到了後者的短處，而且他自己就不喜歡包羅萬象的思辨體系，並主張將哲學重新還原到人類生存的基本經驗，認為不如此，就不能真正理解和解釋歷史主義。但高達瑪是在主觀唯心主義的危機中成長起來的，這種危機隨著人們重新接受祁克果對黑格爾的批判得到強化，而高達瑪已經意識到，「黑格爾式的辯證仲介」以其特有的方式克服

了現代主觀主義，這對本世紀新的、後形而上
學的思想來說，實際上始終是一個持久的挑
戰，包括對祁克果的挑戰。

　　祁克果思想的這種兩面性，促進了高達瑪
同黑格爾對話的深入，他首先使黑格爾與施萊
爾馬爾赫相對立，以反對天真的歷史主義並確
立詮釋學綜合「古」與「今」、「過去」和
「現在」的新發展方向，但黑格爾體系的封閉
性是高達瑪要與之保持距離的，在這方面他又
更多借助於祁克果的觀念，而且這很自然引導
他從詮釋學的角度去關注柏拉圖的對話辯證
法，在這個過程中，他使狄爾泰的歷史主義與
胡塞爾的現象學融會在一起了，並且鑲嵌在黑
格爾「客觀精神」的理論背景中，它極大地推
動了高達瑪向詮釋學辯證法的邁進。

　　此外，在詮釋學傳統內部，施萊爾馬赫的
辯證法是哲學詮釋學辯證法的重要來源之一，
他的思想關注兩個重點：柏拉圖和詮釋學。他
把辯證法重新作為對話來理解，並最早將其引
入到詮釋學，所以高達瑪視之為效果歷史理論

的先驅⓲，其理由在於「效果歷史」是在解讀
者與被解讀者的「對話」中實現。受柏拉圖的
影響，施萊爾馬赫認為，辯證法是最高的科
學，詮釋學隸屬於它，辯證法就是「相互理解
的藝術」⓳。此外，從浪漫主義的立場出發，
他還將辯證法和直覺聯繫在一起，而不是像黑
格爾那樣一味地與理智聯繫在一起，這一點在
他對詮釋學循環的理解方面體現得最為明顯。

　　此外，柏拉圖的對話為何能避免墮入詭辯
呢？這應歸功於邏輯，但這是一種什麼樣的邏
輯呢？它既不同於普通邏輯，也不同於科學的
證明程序。為了解決這個問題，他將眼光投向
了英國新黑格爾主義者科林伍德。

　　科林伍德對高達瑪的啟發主要在於提出了
「問答邏輯」的設想，並將其提升為一種基本
原則。高達瑪指出，問答邏輯證明了它自己是
關於問題和回答的辯證法。在對話中問題和回
答不斷地交流，並消融在理解的運動之中。這
種邏輯的確立使對話與辯證法的統一，「從所
有精神科學方法論和認識論背後赫然呈現出

來，這種統一以令人驚訝的方式把黑格爾和柏拉圖相互聯繫起來了，並使詮釋學經驗獲得了自由」⑳。經過多年的潛心研究，對話在詮釋學理論中的核心地位，以及人類對於世界經驗在總體上的語言性質，乃作為一種信念在他的腦海中逐步確立起來。

這樣，高達瑪在跟隨黑格爾的同時也就自然轉向了柏拉圖的開放辯證法，並逐步使得原本以對話為基礎的辯證法，成為自己解釋理論的核心。在他看來，理解即進入到一個對話的過程，這種對話的辯證法拋棄了黑格爾思辨辯證法的形而上學的因素，它突出的不是意識而是語言經驗的交流，以及歷史理解的開放性。在將柏拉圖和黑格爾的溝通中，他最終形成了自己的語言哲學或對話本體論，進而使辯證法和對話成了他的詮釋學的主題，並匯入到整個西方現代哲學語言轉向的潮流之中。

註　釋

❶ 海德格主要確立的是一種存在的詮釋學,而高達瑪在此基礎上主要確立的是一種文本的詮釋學。

❷ 海德格將「現代」稱爲「技術的時代」,技術對他來說不是狹義的,它具有形而上學的性質和意義。

❸ 古羅馬人稱之爲「Mercury」。參見D. J. 阿達姆斯《聖經詮釋學導論》,英文版,1987年,第1頁。

❹ 參見R. 帕默爾,《詮釋學:施萊爾馬赫、狄爾泰、海德格和高達瑪的解釋理論》,英文版,西北大學出版社,1982年,第12頁,13頁。

❺ 參見J. 格羅丁,《哲學詮釋學導論》,英文版,耶魯大學出版社,1994年,第1頁。

❻ 參見高達瑪,《眞理與方法》,德文版,第38頁;中文版,上卷,第53頁。

❼ 參見高達瑪,《眞理與方法》,德文版,第7頁;中文版,上卷,第10頁。

❽ 僅從這方面看,詮釋學本身就包含著深刻的辯證法因素。

❾ 參見本書第27-28頁。

❿ 參閱海德格,《本體論──事實的詮釋學》,英文版,印第安那大學出版社,1999年,第17頁,24頁,25頁,26頁。這裏需要強調一下,此在之生存所具有的事實性,不是指現成的、一成不變的。

⓫ 海德格轉向事實詮釋學,完全背離了康德主義和新康

德主義所突出自我意識的唯心主義之模式，而胡塞爾
正是出自這個模式。相反，受海德格的影響，高達瑪
徹底跳出了這一模式。

⑫參見R. E. 帕默爾，《詮釋學：施萊爾馬赫、狄爾泰、
海德格和高達瑪的解釋理論》，英文版，西北大學出版
社，1969年，第192-217頁；另參見該書第164頁。

⑬高達瑪，《科學時代的理性》，英文版，麻省理工學院
出版社，1981年，第59頁。

⑭參見高達瑪，《科學時代的理性》，英文版，麻省理工
學院出版社，1981年，第39頁。

⑮參見高達瑪，《科學時代的理性》，英文版，麻省理工
學院出版社，1981年，第44頁。

⑯高達瑪，《哲學詮釋學》，英文版，加利福尼亞大學出
版社，1976年，第111-112頁。

⑰參見高達瑪，《理論的讚美》，英文版，耶魯大學出版
社，1998年，第54頁。

⑱參見高達瑪，《在現象學與辯證法之間——一種自我
批判的嘗試》，載《高達瑪全集》，德文版，第2卷，圖
賓根，1986年，第15頁。

⑲J.格羅丁，《哲學詮釋學導論》，英文版，耶魯大學出
版社，1994年，第73頁。

⑳高達瑪，《科學時代的理性》，英文版，麻省理工學院
出版社，1981年，第47頁。

第四章
哲學詮釋學的兩大方法

　　哲學詮釋學理論大廈的建構離不開方法，而對相關方法的揭示，同樣也是對理論本身的一種揭示，並且是一種非常重要的揭示。

　　眾所周知，現象學方法、分析的方法和辯證法一起被並稱為西方「三大哲學方法」。以反對方法主義而著稱的高達瑪，在自己的詮釋學理論中突出使用了兩大方法，這就是現象學的方法和辯證法的方法。其實這並不自相矛盾，因為詮釋學的建構對方法的依賴，同反對詮釋學領域中的方法主義並不是一個層面上的問題。

　　作為方法的現象學與作為方法的辯證法，是推動哲學詮釋學這支木舟的雙楫，缺一不可，高達瑪的思想向我們充分展示了這一點。當然和海德格相比，他的貢獻更突出地表現在後一個方面以及二者的融合上，至於前一個方面則主要表現為對海德格思想的繼承與發揮，這是我們應當加以區別的。

　　高達瑪的詮釋學在很大程度上，仍可看成是為人文科學確立方法論的基礎，筆者認為，

在這一點上，他和狄爾泰沒有什麼太大的區別，所不同的是高達瑪的這種方法論不是從認識論出發的，而是從本體論出發的，其性質已發生了根本的改變。在一定的意義上，他的詮釋學完全可稱之爲人文科學的哲學，而這個方向並不是海德格詮釋學所要追蹤的，後者所關心的只是對存在意義的揭示。

　　從高達瑪的《自述》（1973年）中我們知道，《眞理與方法》原打算以《哲學詮釋學》命名的，後由於出版方面的原因採取了現名，而將原名改成了副標題，由於高達瑪在書中並沒有直接論述二者之間的關係，這在後來產生了很大的歧義和爭論，他自己也沒有就此作出清晰、明確的說明。但是筆者以爲這個書名更好，且更立體地揭示了哲學詮釋學理論的實質和宗旨。如果將該書的內容和總的目標聯繫起來看，其書名的意義並不難理解，它包含著對兩種眞理觀和兩種方法觀的區分，其出發點仍是海德格。高達瑪在人文科學和詮釋學領域裡，反對的是以主客分裂爲基礎的認識論的眞

理觀，所宣揚的是存在論現象學意義上的眞理觀。我們知道，「存在的眞理」和「存在者的眞理」在海德格那裏是嚴格區分開的，這一點在高達瑪的詮釋學中繼承了下來。與之相對應，他所反對的是認識論意義上的方法（最典型地體現於自然科學），而不是本體論意義上的方法。如果以爲高達瑪在詮釋學領域裏反方法主義就不要方法，這只會是一種誤解。總之，高達瑪對方法的解構是特指的，而不是泛指的，並且更多突出的是傳統認識論意義的方法在人文科學領域中的限度，不弄清這一點，就會引起相當大的混亂和麻煩。

　　衆所周知，海德格在詮釋學領域掀起了一場「哥白尼革命」，突出了理解的本體論意義，而對理解的方法論意義未給予足夠的重視，高達瑪步其後塵，並且有過之而無不及。但根據法國當代詮釋學大師呂格爾的看法，高達瑪的詮釋學實際上已開始了從「本體論」返回到「認識論」、「方法論」的過渡❶，這從一個側面表明，本體論和方法論不應是對立和

排斥的，而且哲學詮釋學走向本體論，本身就蘊含著深刻的方法論意義，對它的探討是我們不可迴避的。

縱觀西方哲學史，就哲學自身的建構來看，超越自然科學方法論是從黑格爾到高達瑪的一個重要主題，自然科學的方法應用於哲學社會科學所具有的局限性，在黑格爾那裏就被洞察到了，他主張哲學必須有自己的方法。黑格爾之所以走向辯證法，就在於他認為辯證法乃是思想所經歷之事情本身的運動，能夠同他的哲學追求一致起來。在這點上，高達瑪與之相類似，雖然他並不以建構一個思辨體系為歸宿。

高達瑪在《現象學與辯證法之間──一個自我批判的嘗試》中曾提到，現象學與辯證法，乃是他哲學探討的基礎和出發點，這兩種方法在其心目中佔據著同等重要的位置。在《真理與方法》的第二版序言裏，高達瑪首先明確地強調，他的詮釋學在方法論上是立足於現象學的，現象學的論證原則貫穿於這部著作

的始終。同時高達瑪又聲稱，黑格爾的辯證法
「與我們保持經常的接近」。因為僅有現象學而
沒有辯證法，哲學詮釋學的基本原理很難得到
全面、充分的展示，這就是高達瑪為什麼在建
構新詮釋學過程中，既倚重現象學又倚重辯證
法的根本原因之一。

　　不過這裏需要特別地指出，體現於哲學詮
釋學中的現象學和辯證法這兩大方法，並非是
一般意義上的方法，即不是對象性的、認識論
或知識論意義上的方法，而是本體論意義上的
方法。受海德格的影響，哲學詮釋學由方法走
向本體，並不是拋棄了方法，而是拋棄了認識
論意義的方法、外在的方法，走向了一種內在
的方法，即消除了主客分離的本體論意義的方
法。現象學和辯證法都具有這種特點，這也是
為它們各自的性質所決定的。

　　哲學詮釋學由於立足於本體論，因此，它
的方法和內容是緊密交織在一起的，這種意義
上的方法也就是本體論的方法特徵。所謂本體
論的方法按海德格的理解，與具體實證的科學

方法不同也無關，因為一切科學方法所處理的是在者，而非存在，既然存在不是在者，不是對象，是虛無，因此一切科學方法，即對象化的方法在它面前無能為力，無濟於事，必須另闢蹊徑，而在他那裏能夠滿足這一要求的方法就是現象學的方法，他稱之為「本體論的現象學方法」（method of ontology phenomenology）❷。

這是因為一般所見的「方法」總是和對象性有關，和主—客二分有關，而海德格認為，源始意義上的「現象學」是非關對象的。他就此從詞源學的角度來加以分析和說明：「現象學」一詞，是由「現象」（paenomen）和「邏各斯」（lgos）兩部分組成。在希臘語源中，「現象」的意思乃是「就其自身顯示自身者、公開者」；而「邏各斯」意思是「說話」，即把某種東西「展示出來讓人看」，去「說」也就是去「揭示」，揭示什麼呢？揭示世界，或讓世界「顯現」出來❸。

按照海德格的理解，這裏的「顯現」就是

「存在」，即「在場」。所以與胡塞爾不同，他的現象學的「現象」被界定為存在者之「存在」和存在意義的「顯現」，換言之，存在和顯現是一致的。既然海德格所理解的現象學其「事情本身」是存在的，那麼現象學也就是存在論。作為存在論的現象學按「事情本身」的「顯」來展示「事情本身」。它描述、展示存在「如何」，以區別於形而上學表象作為「對象」的存在者是「什麼」。所以，存在論只有作為現象學才有可能。

　　與之一貫，在詮釋學中，高達瑪所持的現象學方法之基本點就在於：對文本的把握不應僅僅拘泥於作者原意（心理主義）和文本所從屬的原來世界（自然主義），而應專注於文本直接地、現時地、當下地呈現在理解者的經驗中所具有的自明性的意義，也就是說，理解活動在根本上是一種憑藉解讀者內心體驗，去把握直接呈現於意識面前的直觀現象。這裏重要的不是實際的存在，而是作為現象的對象在意識中如何顯現，對意識所顯現出的就是在它們

的「主觀的被給予方式」中的「事情本身」。
但這裏的意識既不是康德意義上所指之先驗意
義上的「自我」，也不是胡塞爾超驗意義上的
「自我」，而是此在。它的意識依託於人的生
存，毋寧說就是這種生存的體現或生存的意向
性投射。從這一點出發，哲學詮釋學既反對把
意義與實在對象聯繫起來的客觀主義，也反對
把意義歸結爲對作者內心世界進行體驗的心理
主義。理解不僅是一種意指，而且是一種參
與，一種理解者和被理解者、解釋者和被解釋
者的共同活動，意義就產生於這種共同活動
中。

　　這裏的「詮釋學的」希臘動詞
"hermeneuein"，最初意思是「帶來消息」，因
此原本意義上的詮釋學首先突出的不是解釋，
而是帶來「消息」或「資訊」，因爲在解釋之
前，必須有「消息」或「資訊」，否則無從解
釋❹。在「詮釋學的」現象學視域中，事情關
係到存在者存在的「消息」或「資訊」，即它
是存在本身的顯露，而且離不開此在的理解。

當現象學從此在理解存在出發，那麼，它就成爲「詮釋學的」現象學。同時詮釋學本身又是「現象學的」，作爲一種方法的現象學其描述與解釋是一致的，詮釋學的解釋即現象學的描述。在這裏方法論和本體論達到了完全的一致。

　　海德格把存在從存在者中嶄露出來、解說存在本身視爲存在論的任務，而處理這一問題的方式，在他看來，非現象學莫屬。雖然「現象學」這個詞本來意味著一個方法概念，但如前所述，它不描述哲學研究對象所包含的事情是「什麼」，而是描述對象「如何」，並且海德格強調，「一種方法概念愈眞切地發生作用，愈廣泛地規定著一門科學的基調，它也就愈原始地根植於對事情本身的分析之中，愈遠離我們稱之爲技術手法的東西」❺。這一思想被高達瑪在《眞理與方法》中發揮到極致，同時也暗示出高達瑪反對詮釋學領域裏的方法主義，和他在建構新詮釋學的過程中，對方法的依賴可以不矛盾。

　　胡塞爾將現象學界定爲一門「方法的工作
哲學」，但在他那裏，這種方法還是外在的、
認識論的，只是到了海德格手裏，才變成內在
的、本體論的。海德格在題獻給胡塞爾的《存
在與時間》中分析現象學的原初概念時，訴諸
希臘人對 "phenomenon" 和 "logos" 的理
解，而不提被公認爲現象學的創立者胡塞爾，
絕不是偶然的，正是這種充滿想像力的對希臘
詞之詞源學的追溯，使「現象」和眞理的原始
意義聯繫起來了，這裏就顯露出他同胡塞爾在
對現象學理解方面的差別，並標明他不再是一
個胡塞爾主義者了，也就是說他已用本體（生
存）現象學取代了胡塞爾的先驗現象學了。

　　此外，現象學的方法被胡塞爾用來實現將
哲學建設成爲一門嚴格的科學，即認識的絕對
確然性，這是高達瑪所不贊成的，他尖銳地指
出，在胡塞爾眼裏，人的此在這種事實的依據
是其本質（愛多斯），但人作爲此在是一次性
的、有限的和歷史的，它實際上不可能也不願
意成爲一個本質或「愛多斯」（eidos）的事

例，而想使最實實在在的事實得到承認，這就
產生了一個困境，胡塞爾的現象學在這個困境
中暴露出自身致命的弱點❻。儘管胡塞爾後期
提出了「生活世界」（life-world）的概念，並
突出其在現象學研究中的地位，但他仍囿於這
樣的思想，即各種各樣的生活世界只不過是一
個更基本、更基礎的一般結構的變體或實例。
他的現象學研究之宗旨是要進入到各種不同的
生活世界下面的「愛多斯」，「生活世界」最
終仍是一個本源的、非歷史意義的自我建構產
物，即一個超驗主體的產物。這樣胡塞爾就陷
入到一種矛盾之中：要求現象學成為嚴密的科
學，和這種要求與他洞察到的生活世界之間，
如何相適應和相協調。遺憾的是我們所經驗的
生活世界在胡塞爾那裏，終究未能成為他哲學
探討的最後基礎。相反，生活世界本身要以絕
對的、非歷史的源泉——一個超驗的自我的建
構活動為基礎。與之根本不同，海德格存在論
現象學的起點則真正是要從人的生活處境或被
拋的現實狀況，即歷史性出發，來建構世界的

意義。

　　如果說在海德格那裏是存在先於本質，那麼在胡塞爾卻是本質先於存在（至少是邏輯在前）；在海德格那裏，本質是可能性，在胡塞爾那裏卻是必然性。儘管現象學方法仍然十分有效，但這種有效性並不是追求絕對，只有當它擺脫了從超驗自我出發的絕對性理想之後，才有可能被運用於人類此在的生活領域中，但由此得到的不再是對先驗生活的絕對認識，而是對人實在生活的相對理解。這樣現象學描述的方法意義就被轉化爲「解釋」了。高達瑪整個詮釋學的現象學方法來自於此。

　　辯證法在高達瑪哲學中與現象學並駕齊驅。從方法上講，二者是互補的。在堅持主客體的同一，反對表象性的思維方面，現象學與辯證法具有一致之處，至於強調方法不是外在的，而是內在的，二者也相通。在哲學史上，也許黑格爾是第一個明確反對用自然科學的方法來構築哲學的思想家，但他的前輩，無論是培根、洛克等人把經驗的方法引入哲學（經驗

論），還是笛卡兒、斯賓諾莎、萊布尼茲、沃爾夫等人把數學引進哲學（唯理論），在黑格爾看來都是歧途 。他認為哲學的方法應當與它的內容相一致，因為既然真理是內在的、固有的，而不是外加的，那麼展示真理的方法也不應該是外加的，而應當是內在的。黑格爾深刻地指出，「方法並不是外在的形式，而是內容的靈魂」❼，辯證法在他手裏就很好地體現了這一點，並和他的本體論融為一體。他曾以「外在反思」（auBeren Reflexion）這一概念批判那種與事物的行動相逆的方法概念，並明確地宣稱，真正的方法乃是事物本身的行動❽。

黑格爾的整個哲學建構始終堅持了這一原則：超越自然科學的方法。這種對自然科學方法的超越從黑格爾到高達瑪（中間經歷了狄爾泰、海德格等幾個重要環節）可以說是一貫的。儘管黑格爾的理論性質上是唯心主義的，其中夾雜著不少臆想的成份，但他至少在原則上，反對主觀性，強調客觀性。這裏的客觀性，即思想所經驗的「事情本身」，思辨的辯

證運動就是事情本身的運動，這一點對高達瑪
特別有吸引力，並從詮釋學的立場上去加以闡
述和發揮。

　　不僅如此，讓事情「自己顯示自己」，在
高達瑪看來，也是古希臘哲學傳統的觀點，自
希臘人以來，西方就一直把這稱之為辯證法。
希臘人認為，透過對話他們思想中所展示的東
西不僅僅只是思想，而是「事情本身」的邏各
斯，雖然沒有人的思維捲入，事物的意義不會
自行顯露出來，但這種意義並不可完全歸結為
主觀性，真正的思維意味著展開事物本身固有
的邏輯和本質，這也並不矛盾。正是在此意義
上，巴門尼德說思想和存在是同一的。這方
面，黑格爾完全繼承了希臘人的衣缽。依他之
見，思想的邏輯和事情本身的邏輯是一致的，
即歷史和邏輯相統一，他還一貫把思想叫做
「客觀思想」，這是一個非常重要的概念，它的
含義是思想乃世界的內在本質，反之亦然，世
界的內在本質也就是思想。與之相關，他的辯
證法強調，真正的方法是事物本身的活動，筆

者認為，這也就是高達瑪所說的黑格爾思想中的希臘基質。從方法上講，它和現代主觀主義是對立的。這也可以幫助我們理解為什麼高達瑪除了黑格爾的精神現象學外，還非常重視對黑格爾的邏輯學研究，甚至認為從這裏既可以與古希臘哲學相通，又可以為當代哲學開闢一條「道路」。所以高達瑪說，就哲學詮釋學理論「試圖表明事件和理解的相互聯繫來說」，它既把我們「帶回到黑格爾」，也把我們帶回到「巴門尼德」❾，因為高達瑪同他們一樣所處理的仍然是哲學的基本問題，即思維與存在的同一性關係。

　　為了進一步說明這一點，他還稱黑格爾為古典思想家中注重「事實性」的最偉大代言人。他的辯證法強調事情本身的作為，主張哲學思辨就是讓事情自己活動，而不讓我們隨心所欲的觀念、想法，亦即我們的反思活動對事情發生作用，這與現代現象學的著名口號：「回到事情本身」的意思類同❿。這一思想被高達瑪在自己的詮釋學理論中加以突出，並且

同現象學有機地結合起來了。正是在此意義
上，可以說，詮釋學處於現象學與辯證法之
間，關於這一點在他對詮釋學經驗的分析中，
就可以具體明顯地看得出來。

　　同時這也顯示出，現象學在本質上是辯證
的。現象學能夠和辯證法產生某種溝通，這主
要表現在：無論是現象學還是辯證法都是反實
證主義的，它們都強調主體與客體的同一，而
實證主義以主—客體相分裂為特徵，把主體和
客體看成兩個彼此獨立的實體。現象學不假定
意義是客觀固有或自在地被給予的，而是主張
我們只能在主體與客體的同一關係中才能理解
對象的意義。意義的根據是主體與客體的關係
或者說就在這種關係之「內」，這在本質上就
是辯證的，換言之，對象的意義既不單在主體
中也不單在客體中，理解活動為主體與客體的
統一，這是現象學和辯證法都突出的核心，也
是作為方法的現象學和辯證法能夠產生某種溝
通與互補的前提，它們殊途同歸，運用於詮釋
學中可以從不同的側面來描述詮釋學經驗，而

且這兩種描述是相得益彰的，高達瑪在其代表
作《眞理與方法》中向我們充分展示了這一
點。

　　事實上，高達瑪對詮釋學循環、詮釋學經
驗、詮釋學中的「我—你關係」和詮釋學對話
的分析中，已將二者很好的結合起來了，而且
自覺程度超出海德格。正是現象學和辯證法這
兩大方法在高達瑪那裏緊密的結合，爲高達瑪
取得詮釋學理論上的豐碩成果，提供了重要的
保證。關於這一點人們從他的詮釋學的基本內
容中就可以明顯地看得出來。

註　釋

❶ 參見呂格爾，《從文本到行動——詮釋學論文集》，英文版，第2卷，西北大學出版社，1991年，第71頁。

❷ 海德格，《現象學的基本問題》，英文版，印第安那大學出版社，1982年，第19-20頁，第328頁。

❸ 參見海德格，《存在與時間》，英文版，牛津，1985年，第58頁；中文版，1987年，第43頁。

❹ 參見M. 菲拉里斯，《詮釋學史》，英文版，人文科學出版社，新澤西，1996，第3頁。

❺ 海德格，《存在與時間》，英文版，牛津，1985年，第50頁；中文版，第35頁。

❻ 參見高達瑪，《哲學詮釋學》，英文版，加利福尼亞大學出版社，1976年，第135頁。

❼ 黑格爾，《小邏輯》，賀麟譯，商務印書館，1982年，第427頁。

❽ 參見黑格爾，《邏輯學》，下卷，楊一之譯，商務印書館，1982年，第19-22頁。

❾ 高達瑪，《真理與方法》，德文版，第436頁；中文版，下卷，第588-589頁。

❿ 參見高達瑪，《詮釋學II：真理與方法—補充和索引》臺灣版，洪漢鼎、夏鎮平譯，第76頁。

第五章
哲學詮釋學的兩大基本內容（1）：理解的歷史性

　　理解的歷史性和理解的語言性，構成了哲學詮釋學兩大基本的內容，高達瑪的解釋理論主要就是圍繞著這兩個方面展開的。這兩個方面不可分，它們同海德格前後期的主要思想保持一致❶。這裏先談第一個方面：理解的歷史性。我們可以從三個方面展開：1.詮釋學循環；2.詮釋學經驗；3.詮釋學的我—你關係。

一、詮釋學循環

　　理解最重要的特徵之一是循環。「詮釋學循環」（hermeneutic circle）屬詮釋學理論中的核心概念之列，也是這一理論中最富魅力而又最令人疑惑的內容，它以悖論的形式出現，其基本含義是：對整體意義的把握必須建立在對部分理解的基礎上，而對部分意義的把握必須建立在對整體理解的基礎上。

　　早在古代聖經詮釋學發生時期，西方的神

學家們透過對它的翻譯和解釋逐漸察覺到，在
細節理解和整體理解之間存在著一種循環關
係：《聖經》的任何語詞、段落、章節，只有
在理解了整個《聖經》的基礎上，才能得到理
解和解釋；而在理解《聖經》的整體含義之
前，又必須從單個的詞語、段落和章節開始。
《聖經》的整體指導著對個別細節的理解，同
時這種整體也只有透過不斷增多的對個別細節
的理解才能獲得。後來作為神學家和聖經詮釋
學家的馬丁・路德及其追隨者，把這種從古代
修辭學裏所得知的觀點應用於理解過程，並將
它發展成為聖經解釋的兩個一般性原則，這就
是：「自解性原則」和「整體性原則」。前者
指《聖經》自己解釋自己；後者指《聖經》的
每一個部分都應在整體或上下文中得到合理的
理解。這兩個原則都與詮釋學循環有關。

　　然而，首次明確提出「詮釋學循環」的
人，是後來德國著名的古希臘文化學者、施萊
爾馬赫的老師F. 阿斯特，不過阿斯特所理解的
詮釋學循環基本上局限於語文學的範圍內。

　　在西方，部門詮釋學所涉及到的詮釋學循環，主要集中在語法和文字的理解層面上，局限於對文本原意的把握方面，換句話說，循環主要是在文本內部的整體和部分之間進行的。而從施萊爾馬赫起，經狄爾泰到海德格、高達瑪，這種循環不再局限於文本內部，而是逐步走向它之外，擴展到更本源、更廣闊、更深層的空間。

　　可以說，施萊爾馬赫使詮釋學循環的概念，第一次得到真正系統和相當完備的表述，並在他的理論框架中處於核心地位，儘管是以其先驅阿斯特的思想為基礎，但仍有重大的推進。如前所述，根據施萊爾馬赫的觀點，詮釋學是一門避免誤解的學問，因此，理解和解釋必須由正確的方法來加以保證，而方法之一就是詮釋學的循環。它意味著，理解應當不斷地從整體返回到部分，又從部分返回到整體。施萊爾馬赫承認，對於我們既不熟悉其語言也不瞭解其過去時代的文本內容意思，除了依靠整體和部分的循環往返運動才能顯現出來之外別

無他途。由於在施萊爾馬赫那裏語法解釋和心
理解釋是互為補充的，二者地位完全相等，因
此，詮釋學循環作為方法既適用於語法理解又
適用於心理理解。對於前者來說，整體和部分
是相對的：作為部分文本的字句從屬於作為整
體的文本；作為單個存在的文本從屬於一個作
者的全部作品；而一個作者的全部作品，從屬
於一個特殊的流派或一個時代作品的整體……
……。對於後者來說，文本作為作者心靈的創
造，又從屬於他內心生活的整體。這樣施萊爾
馬赫就擴大了局部詮釋學的「循環」範圍，將
其由文本的語法層面推進到作者的心理層面，
開始由文本內走向了文本外。

　　至於詮釋學循環中所體現出的整體與部分
的矛盾，施萊爾馬赫是訴諸直覺或頓悟來解決
的。頓悟在循環過程中發生，它的出現使整體
和部分同時達到理解。因此，在他看來，理解
過程絕不是一個機械的過程，也不是一個邏輯
推理和演繹的過程，毋寧說類似一種藝術的創
造過程，它具有跳躍性，這使我們聯想起柏拉

圖在《伊安篇》裏的那個著名的連環磁力圈比喻。按照施萊爾馬赫的看法，詮釋學循環在「頓悟活動」中達到頂峰，而理解者憑藉直覺把握到作者創作的一切方面（包括作者自己未曾想到的東西）。透過這種直覺和頓悟，理解者可以完全置身於作者的精神世界中，從而消除了關於文本的陌生性和難解之處，使整體和部分的矛盾得以解決，這時詮釋學循環也就消失了。

　　狄爾泰對詮釋學循環的理解深受施萊爾馬赫的影響，在他早期關於施萊爾馬赫的詮釋學獲獎論文中❷，就從辯證法的角度論述了施萊爾馬赫的詮釋學循環理論。但是，狄爾泰並未完全囿於施萊爾馬赫的心理學框架，而是把精神科學的方法論建立在生命哲學的基礎上，並納入到歷史主義的背景之中。狄爾泰將「生命」（life）理解成「活生生的經驗」（lived experience），這一基本觀念是他全部哲學的核心，也是他所理解的詮釋學循環的出發點。在此基礎上，他進一步將這種循環擴大、延伸。

對於他來講，文本是部分，而解釋者自身的全
部歷史文化背景是整體，只有二者產生互動關
係和作用，理解才有可能。這樣他進一步將詮
釋學循環從語法、心理和歷史文化背景三個方
面加以融貫，並用「生命」來加以串聯，突出
意義是歷史的，從而使他的「循環」論達到了
一個前所未有的高度。

　　狄爾泰從生命的啓迪中，看到了部分的意
義存在於它們與整體的聯繫中，整體的意義又
存在於它與部分的關聯中。換言之，意義基本
上是由部分與整體的辯證關係中產生的，也就
是建立在活的、歷史的經驗基礎上。這樣詮釋
學循環開始從生命／生活的角度加以探討，它
總要受到歷史的限制，永遠不能躍出這一層
面。所以由此而產生的意義必然是歷史的，而
不是固定的，它將隨著時間的變化而變化，它
總在一定的上下文或語境中顯現。它既不是主
觀的，也不是客觀的，而是處於某種主—客前
分離狀態之下的產物，而且它不可能有眞正的
起點。

　　狄爾泰已經懂得，詮釋學和辯證法不是對立的，而是相通融的，這一點在詮釋學循環中表現得最明顯。他將詮釋學循環看成是一種矛盾，這種矛盾不是形式邏輯意義上的，而是辯證法意義上的，理解和解釋正是靠著這種矛盾的推動來實現❸。

　　同前人相比，狄爾泰賦予詮釋學循環的意義要豐富得多、深刻得多。在他之前，部門詮釋學一直主要是圍繞著語言來通達文本的理解。施萊爾馬赫的一般詮釋學出現後，文本作者的精神活動成了詮釋學循環著重關注的對象，使理解文本同理解作者精神世界聯繫起來了。到了狄爾泰那裏又進一層，他將二者和社會歷史文化的背景聯繫起來，明確地從生命哲學出發來融會語法循環和心理循環，並將側重點放在「生活經驗」的層面而非作者的心理層面，突出了意義和理解的歷史性。這種建立在生命哲學基礎之上的「循環」，同後來海德格建立在此在現象學基礎上的「循環」僅有一步之遙。

　　傳統詮釋學對詮釋學循環的考慮主要集中於方法論的層面，到了狄爾泰那裏已有了過渡到本體論去的趨勢。海德格早期深受狄爾泰生命哲學的影響，但他批評狄爾泰整個生命哲學的基本缺點，在於沒有使「生命」成為一個本體論的概念，未在「存在」與「存在者」之間做出區分，因此，建立於其上的生命詮釋學最終沒能擺脫方法論的窠臼，而海德格的現象學的詮釋學則真正邁出了這一步，將其推進到本體論的領域，這樣做的關鍵是把「生命」作「此在」解，此在是存在意義嶄露和開顯的場所。在這方面高達瑪與海德格的立場完全一致。

　　從此在的歷史性推導理解的循環結構，儘管所涉及的還是整體和部分的關係，但其內涵已較之前大不相同，它主要要揭示反映理解者的詮釋學處境（hermeneutic situation）、視域（horizont）的前理解結構同文本之間的關係。此處的「前理解結構」是從存在論而非認識論的立場上來加以把握的。與笛卡兒、康德、胡

塞爾先驗的自我意識不一樣，它所反映的是理解者的文化、社會、歷史等等生存的境況；也和狄爾泰的歷史文化背景不盡相同，因為後者所理解的作為詮釋學循環的整體——歷史文化背景主要指兩個方面：一是文本與作者的精神聯繫；二是文本語言與產生它的時代文化風格的聯繫，他的理解尚未達到應有的深度。只有海德格透過現象學的還原才真正「觸摸」到了它最內在的本質，這就是以「前理解」來作為詮釋學循環中的「整體」，它形成理解者理解的「視域」，並具有一種「作為」結構。

高達瑪深得其中的三昧，他對此作了進一步的表述：理解的整體是「前理解」，理解的部分是被解釋對象（主要指歷史流傳物或文本），它們之間具有一種循環互動的關係，這種互動展示為一個不斷更新、擴大的往復過程。此處所說的整體和部分必須在解釋者的視域中達到和諧統一，否則理解就不可能實現。它表明，本體論意義上的詮釋學循環，是在歷史的此在和歷史的文本之間進行，它實現於傳

統和解釋者之間的交互作用、交互影響中，並
將事情本身和讀者與文本的「對話」過程聯繫
起來了。雖然高達瑪並不否定傳統詮釋學的方
法論意義的循環，但在他看來，這種將解釋者
歷史性排除在外，而僅著眼於文本自身內的整
體與部分的循環，視文本的意義爲自在的、原
來就有的，將永遠不可能眞正把握詮釋學循環
的本質和眞諦，方法論的循環只有從屬於本體
論的循環才能得到合理的說明。僅就這一點，
方法主義的有限性得到了進一步的昭示。

　　衆所周知，哲學詮釋學的「循環」論之基
礎是海德格的「在世」說。他從本體論出發證
明了這種循環的積極性與合理性，認爲此在之
在世處於前概念的純發生域中，無所謂邏輯和
判斷意義上的「循環」，有的只是此在與世界
的相互緣起。在這個根本時間化了的本體域
中，傳統形而上學所偏執的主客對立已不復存
在，認識中的「彼」、「此」之分亦被打破。
唯有達到這樣的現象學視域，海德格才能揭示
此在何以能夠在有限境界中獲得眞實的意義，

而不至陷入概念或分析性的思維「在處理此種
關於本源的問題時，所常常犯的無窮後退或惡
性循環的毛病」❹。

　　從一般理智、邏輯的立場來看，「詮釋學
循環」無疑是一種「怪圈」，應被清除。但海
德格並不忌憚這種「怪圈」，反而認爲它實際
上屬於理解的本質，並且透過相互替代運動，
衝破障礙，最終理解整體，也理解部分。因
此，人們應該做的不是擺脫循環，而是如何以
正確的方式進入它。海德格認爲，一旦進入此
在存在的領域，這個怪圈也就不成其爲怪圈
了。從這裏我們可以看到主—客二分的認識方
式遇到了自己的界限。只有將詮釋學的循環置
於存在論的視域中，才能避免使它蛻變爲惡性
的。由此可見，打破「怪圈」論，此在現象學
無疑是一條路，一條非常重要的路。同時，這
條路與辯證法也是相通融的。

　　因爲哲學詮釋學視域中的詮釋學循環，本
質上既不可歸結爲純主觀的，也不可歸結爲純
客觀的，它是流傳物和解釋者之間的一種內在

相互作用，是一種「效果歷史」的運動，而且
支配我們對某個文本理解的預期，並不是一種
主觀性的行為，而是由那種把我們與文本聯繫
在一起的共同性所決定的。在這裏，整體和部
分完全處於辯證的關係之中，整體賦予部分以
意義，部分賦予整體以意義。二者不可透過分
析性的、割裂式的思維方式來把握，因此，形
式邏輯在它的面前無能為力。

　　海德格認為，本體論意義上的詮釋學循環
與「作為」結構相關。在他看來，一切釋義都
包含「作為」（als）結構，即把某某東西作為
某某東西加以理解和解釋的前（理解）結構。
這種「前結構」（vorstrukter／fore-structure）
也 就 是「作 為 結 構」（als-struktur／as-
structure），反之亦然。高達瑪進一步解釋道，
「作為」結構的「作為」有「為了什麼」（for
what；in order to）之意❺，它存在於理解之
前，是理解得以可能的條件，或理解先天存在
論的機制。前結構（作為結構）在本質上是透
過「前有」（vorhabe／fore-having）、「前見」

（vorsicht／fore-sight）和「前設」（vorgriff／fore-presupposition）來起作用的。換言之，「前結構」或「作爲結構」是由這三個方面組成的。前有指先行存在，但邊界模糊、難以介定，然而對人的理解確實起著重要作用的一種整體性東西，如此在的生存狀況、社會文化背景、既成歷史傳統，等等，總之，是人所能遭遇到的一切物質條件和精神條件的總和。按照海德格說法，人的理解絕不可能是無依無靠的，它必須從某種先行具有的東西出發。這種先行具有的東西劃定了我們理解（領悟）的可能性範圍，它構成我們的基本視域（地平線）、世界觀。我們的理解就在這個區域內發生。但前有只是提供此在理解的可能性，理解並不就是解釋❻，二者之間存在著清晰程度的差別，理解仍處於某種較模糊的狀態之中，尚未完全上升到概念，要變成清晰的解釋還必須有前見和前設。前見指解釋的視角和觀點，先行的理解總得從某種個角度或觀點切入（出發），才有轉化爲明確概念意義上之解釋的可

能。不過這還不夠，還要有前設，也就是說，對先行理解或領悟的東西進行解釋，還必須將其納入某種預先的設定，即概念系統之內，因為我們總是將它「作為」某物來解釋。

　　既然前（理解）結構根植於此在的生存狀況，具有建構的意義，那麼僅就這一點而言，在意義方面便沒有什麼「自在之物」，只有「為我之物」，因為解釋從來就不是對某個給定的文本所作的無前提的把握。在前理解中，「被拋」的狀態和意義的「籌劃」是永遠結合在一起的，而解釋性的意義籌劃根植於解釋者的生存處境。所以根本不存在那種使得生存論結構整體不起作用的理解和解釋。正是從這個角度上，高達瑪說，「我們只能理解我們已知的東西」❼。我們歷史地認識的東西說到底是我們自己，精神科學的認識帶自我意識，體現為一種自我理解。這裏面包含著一個矛盾，這個矛盾決定了具有時間性、歷史性的此在的理解必然是「循環」的，它始終要受制於人的前理解結構。

　　從上面的歷史回顧和分析中，我們可以得出這樣一個結論：理解總是在詮釋學循環中發生，而詮釋學循環始終是在「整體—部分」的辯證關係內進行。透過從局部詮釋學到古典詮釋學再到哲學詮釋學這幾個主要階段的發展，這種關係經歷了語法、心理、生命和存在這樣幾個環節，由內向外，層層遞進，逐步擴大，到了海德格和高達瑪那裏最終實現了從方法到本體的嬗變，它表明詮釋學循環既有方法論、認識論意義，又具有本體論意義，它是立體的、全方位的，並貫穿著深刻的辯證法和現象學精神。對詮釋學循環的把握進入到本體論層面，愈來愈突出了人的理解的歷史性、相對性及開放性，它的表徵形式是一種螺旋式的上升，詮釋學的「循環」與辯證法的「圓圈」具有某種內在的一致性。

二、詮釋學經驗

（一）詮釋學經驗的本質

躍入詮釋學循環，也就意味著理解活動的「發生」、詮釋學經驗的形成。從這個意義上講，詮釋學的循環已屬於詮釋學的經驗，所以高達瑪將他的本體論循環納入到其詮釋學經驗的理論中。

「經驗」（erfahrung／experience）的概念在高達瑪那裏，佔有非常重要的地位並具有十分豐富的內涵。與狄爾泰不盡相同，哲學詮釋學首先追問的不是理解在人文科學中如何發生，而是理解與人的生活實踐及經驗世界之間的關係。換言之，他首先關注的不是理解在人文科學中何以可能，而是在人的生活世界經驗中何以可能。因此，他的詮釋學既不是認識

論，也不是方法論，而是本體論，這是他稱自己的詮釋學爲「哲學詮釋學」的根本原因。

把「經驗」作「存在」解，這無論在海德格還是在高達瑪那裏都是一致的。如果深入挖掘地話，我們不難發現，高達瑪對詮釋學「經驗」的理解主要是在黑格爾、海德格思想的基礎上發揮出來的，尤其深受海德格對黑格爾《精神現象學》解讀的影響。

高達瑪將黑格爾和海德格的「經驗」概念融進自己的思考，並使之成爲哲學詮釋學中的一個重要範疇。他之所以不用狄爾泰的"erlebnis"，而用黑格爾意義更寬泛的"erfahrung"來分析經驗，是因爲在狄爾泰那裏，"erlebnis"作爲「體驗」帶有更多個人主觀的因素，具有強烈的心理學色彩。在海德格透過黑格爾將「經驗」（erfahrung）「現象學化」的基礎上，高達瑪進一步使之「詮釋學化」了。

在《眞理與方法》一書中，高達瑪從詮釋學角度對「經驗」的概念作了專門的分析，其

重要意義主要體現在兩個方面：第一，劃清了本源經驗和科學經驗的界限，對兩者的實質作了明晰的規定，並且突出了前者對於詮釋學的價值和意義；第二，揭示了詮釋學經驗的辯證法。以上這兩個方面是不可分的。

高達瑪之所以要重新界定「經驗」，是因為近代哲學對這個概念的使用非常模糊，造成了我們今天理解的困難。由於「經驗」在自然科學中起著重要的作用，因此，它向來與認識論聯繫在一起，但這樣就縮小了它的原本意義。在高達瑪看來，迄今為止的經驗理論之缺點在於它完全是從科學出發來加以把握的，未注意到經驗的內在歷史性。

高達瑪要克服這種不徹底性，他一針見血地指出，科學的目的在於使經驗客觀化、普適化，令其不再包含任何歷史性的要素，以便適用於任何時代、任何人。自然科學實驗是透過它的方法論程序來做到這一點的，狄爾泰的歷史批判方法在精神科學中也執行著同樣的任務。在這兩種方法裏，客觀性是以我們可使這

些基本的經驗被每一個人重複而得到保證的。
這樣，經驗的歷史性在科學裏，無論自然科學
還是人文科學裏都沒有任何地位。由於一切經
驗只有當被證實時才有效，因此經驗的威望是
建立在其可重複性的原則基礎上。但這就意味
著，經驗應捨棄自己的歷史、取消自己的歷
史。可見，此種對經驗的理解是非常偏狹的。

　　在當代，這個問題已被胡塞爾意識到。他
晚年引入「生活世界」的概念，就包含有要打
破「科學世界」對於經驗的壟斷和狹隘化的傾
向。然而他並未完全擺脫自己所批判的那種片
面性的支配，他同狄爾泰並沒有真正劃清界
限，仍帶著明顯的康德主義傾向，而且和英國
經驗論一樣缺少歷史意識。

　　高達瑪則要從胡塞爾的矛盾中走出來，為
此他區分了兩種經驗，一種是生活的經驗
（lived experience）；一種是科學的經驗
（scientific experience）。前者不可重複，後者
可重複。那麼在高達瑪眼裏，更根本的經驗指
的是前者。這種經驗總是一種否定的經驗，它

的否定性具有一種特殊的創造性意義，因此，
乃是一種肯定的否定。這種本源性的經驗在高
達瑪看來，包含辯證的性質並可以和黑格爾的
思想掛上鉤。

　　高達瑪指出，黑格爾是經驗的辯證要素的
最重要見證人，歷史性在黑格爾的經驗中得到
了恢復，這種經驗是辯證的，而不是歸納的，
它同自然科學的意義無關，它的真正特性在於
它的否定性。嚴格地講，這種本源意義上的經
驗是不可重複的，我們不能兩次「做出」同一
個經驗，正如我們不能兩次踏入同一條河流一
樣。新的經驗並非原封不動地包含著舊的經
驗，而是處於一個更高、更新的階段或層次
上，正如一位飽經風霜的老人和一個涉世不深
的小孩，對於同一條格言的理解有所不同一
樣。這種經驗的否定因素體現了黑格爾辯證法
的根本精神，只不過為了把經驗的否定性貫徹
到底，高達瑪對其作了「惡無限」的理解。

　　但是，黑格爾辯證的經驗畢竟只是意識的
運動，它最終導致一種不再有任何異化於自身

概念的絕對自我認識。對於黑格爾來說，經驗
的完成就是「科學」，經驗的辯證運動必須以
克服一切經驗而告終，這種克服是在絕對知識
裏，即在意識和對象的絕對同一中達到。也就
是說，黑格爾對經驗的理解不是著眼於它的過
程，而是著眼於它的結果，因此，黑格爾並沒
有把經驗的歷史性原則和否定性原則，至始至
終地貫徹下去，他的經驗與哲學詮釋學所講的
經驗不可等同視之。因為經驗的本質在黑格爾
處，從一開始就被用某種超經驗的東西即概念
範疇來設想，而哲學詮釋學的立場與之相對
立，主張生存論意義上的經驗從來就不能被科
學化，經驗的真理總是包含著與新經驗的關
聯。這裏高達瑪突出的是，經驗的辯證運動其
真正歸宿並不在於某種封閉的絕對知識，而是
那種透過經驗本身所促成的對於新經驗的開放
性。高達瑪強調經驗的開放性，意在打破黑格
爾經驗概念的封閉性和揚棄他在辯證法這方面
的不徹底性，同時也反對黑格爾把經驗看成一
個必然的過程，以及由此而最終所導向的獨斷

論。

　　這樣一來，哲學詮釋學所講的經驗概念就包含某種全新的東西，它不只是指這一事物或那一事物給予我們知識這種意義上的經驗，它意指那種必須總是被獲取並且無人能避免的經驗，即對人的生存領悟的經驗。經驗在這裏是某種屬於人類歷史本質的東西，而人類的歷史存在都包含一種基本的否定作爲本質要素，與科學經驗包含的一種基本肯定的要素相反。

　　最後，高達瑪對經驗作了這樣的明確規定：經驗就是對人類有限性的經驗。理解是在經驗中進行的，經驗者不可能超越自身存在的時空。如果經驗過程中的每一階段，都已表現了有經驗的人對新的經驗具有一種開放性這一特徵，那麼這一特徵也完全適合於完滿經驗的觀念，而高達瑪眼裏的所謂完滿經驗，並非意味著經驗達到終點或達到了一個最高的知識形式或階段（如黑格爾），而是說經驗得到了充分的實現。總之，眞正的經驗是使人類意識到自身有限性和歷史性的經驗。

　　他對經驗和詮釋學經驗的論述，著重強調的不是達到更高的知識，而是經驗向新經驗的不斷敞開。任何本源意義上的經驗都具有否定性，而這裏的否定性既意味著有限性，又意味著開放性，這種開放不是線性的，而是非線性的，同時又是無限的。在高達瑪那裏有限性和無限性（開放性）的對立統一，便構成了經驗的辯證本質，而詮釋學經驗作為人的整個世界經驗的一部分，就集中反映了這種本質，它體現了經驗內在的歷史性，因為經驗的有限性和開放性的基礎就是它內在的歷史性，而從有限性向開放性的轉化是透過不斷地否定來實現的。因此，高達瑪說，「在詮釋學經驗中也會發現類似辯證法的東西」❽。

　　當然高達瑪透過重新界定經驗的概念，突出它的辯證性並不意味著要否定和放棄科學的經驗概念，他只是更源始地來思經驗的本質，並將科學經驗概念加以限制，不讓它僭越，以取代人類生活最基本的經驗。

（二）效果歷史意識

　　經驗的理論構成了哲學詮釋學的基礎，而它最具體、最集中地體現於高達瑪的「效果歷史意識」（wirkungsgungsgeschichtliches bewusstsein）的理論中。這裏的「效果歷史意識」並不探討一部文本產生後遺留的痕跡、影響。「效果」在此不是單純「後果」的意思，而是發生效果的活動本身。「效果歷史」（wirkungsgeschichte）的概念可視為哲學詮釋學的靈魂，因為詮釋學經驗是在效果歷史中實現的。

　　高達瑪效果歷史意識原則的提出，是同他對歷史主義的批判聯繫在一起的。這裏的「歷史主義」一詞不是指出現於十九世紀，並以啓蒙而聞名於世的歷史意識。高達瑪把這種歷史意識的出現，稱作一種革命性的突破，其意義可與十七世紀的科學革命相提並論，現代詮釋學本身就是這種歷史意識發展的必然結果。

　　高達瑪所謂的「歷史主義」主要指人文科

學或歷史領域中的「實證主義」（最突出的代
表爲以德羅伊生、蘭克爲首的十九世紀德國歷
史學派），它是受自然科學影響的產物，也是
受傳統形而上學所持的主客二分立場影響的結
果。這種實證主義主張，只有在主體方面，人
們採取了中立的觀察者的態度，在客觀方面，
對象被視作一個呈現在我們面前的事實領域，
那種作爲歷史性學科來看待的人文科學才能成
爲眞正的科學。這是一種消極意義上的，以取
消歷史間距爲目的的「歷史主義」。

　　高達瑪堅決反對這種歷史主義。他認爲，
所謂人的歷史性，就理解而言，主要指的是解
釋者所處的不同於理解對象的特定歷史環境、
歷史條件和歷史地位，這些因素必然要影響和
制約他對文本的理解。然而由於理解的歷史性
問題始終是詮釋學的核心問題之一，因此高達
瑪詮釋學的立場仍是一種歷史主義，只不過這
種歷史主義體現了一種新的、積極意義上的歷
史主義。這是一種使歷史恰好在歷史間距中實
現出來的歷史主義，它體現爲一種眞正的歷史

意識。

　　作為總體的高達瑪的效果歷史意識理論，實際上包含三個基本概念：「效果歷史」、「視域融合」和「時間距離」。它們是不能割裂開來的，但為了理解方便，下面我們先分別論之，然後再將它們整合起來。

1.效果歷史

　　按照高達瑪的理解，文本的意義不是由作者所決定的，而是由處於不同境遇之中的讀者和文本的互相作用所決定的，因為理解者與被理解對象都是歷史性的存在，文本的意義和理解者一起處於不斷的形成和交互影響的過程之中，高達瑪將這種過程歷史稱為「效果歷史」（wirkungsgeschichte）。

　　效果歷史意識的實質就是意識到我們自己的歷史性和有限性，它牽涉對理解者的「詮釋學處境」的反思。高達瑪的「效果歷史意識」與歷史學派或歷史（客觀）主義的「歷史意識」，其根本不同在於它承認理解者自己的歷史性，而後者則未能做到這一點，只承認文本

或作者的歷史性。因此，高達瑪在自己的「歷史意識」之前加上限定語「效果」以示二者的區別，也就是說，哲學詮釋學的「歷史意識」是「效果」歷史意識。

作為理解的歷史與意識分不開，它是歷史的真實和歷史理解二者的相互作用，即效果。換言之，「效果歷史」說到底就是歷史文本和歷史解釋者之間，在相互作用中所達到的辯證統一。文本的理解在於一種思想的交往，文本的意義顯現於它的效果之中。因此，歷史總含有意識，不可能是純客觀的。

正因為「效果歷史」在起作用即發生「效果」（wirkung），所以解釋的任務不是消極地複製文本，而是進行一種積極的「生產性的」（productive）努力。解釋者的「偏見」在理解過程中雖然要受到檢驗、調整和修正，以利於顯露文本的真理（意義），但它永遠不可能被消除，正如馬克思所說，「一切已死的先輩們的傳統，像夢魘一樣糾纏著活人的頭腦」❾。然而它的意義不只是消極的，因為它是揭示文

本真理的切入點、立足點。在一定的意義上，
偏見折射的是我們此在理解的本體論條件，也
是我們「被拋」（being thrown）狀況的反映。
在我們進行思想批判之前，我們總是處於一個
「世界」之中了，在我們面對歷史之前，我們
已屬於歷史了，這是一個「事實」（facticity）。
因此，沒有不帶「偏見」的理解。

　　高達瑪的「效果歷史意識」的目的之一，
就是糾正歷史客觀主義的素樸性，以獲得一種
真正的本體論的歷史觀，這是哲學詮釋學首先
要確立的。由於歷史客觀主義秉持純客觀性的
理想，因而把歷史意識本身就包容在效果歷史
之中這一點掩蓋掉了。高達瑪一針見血地指
出，一種真正的歷史意識必須要考慮到自己的
歷史性。只有這樣，它才不會追求某個歷史的
幽靈，因為真正的歷史對象根本就不是對象，
而是此方與他方的統一，是歷史的實在和歷史
意識的實在都存在於其中的關係。這樣任何事
物的意義必處於一種特定的效果歷史中，理解
按其本性乃是一種效果歷史事件，它屬於被理

解東西的存在。

　　效果歷史意識還表明，我們的理解永遠是相對的，即總是一定歷史條件下的理解，要受制於我們的存在、前見、視域的開顯和遮蔽，因此，它不可能最終完成。「歷史理解的本身總是對效果和繼續效果的經驗」❿，它意味著我們總在理解的途中。從這裏我們可以看到，黑格爾的「綜合」說，所體現出來的是一種與施萊爾馬赫的「重構」說，相對立的潛在詮釋學原則，在高達瑪的效果歷史意識理論中得到了具體的繼承和發展。

　　但我們又要注意兩者的區別。高達瑪反覆強調所謂效果歷史意識，首先是對詮釋學處境的意識。我們總是被拋擲於這種處境中，總發現自己已處於某種處境裏，我們的理解就從這種處境出發，而且我們不可能對它進行徹底地、純客觀的反思，因爲在這裏笛卡兒意義上的那個最後純粹的「我思」是找不到的。這種限定使我們永遠無法最終識破效果歷史。這裏所透露出的思想應當說是反形而上學的基礎主

義的，具有純後現代主義的精神。

理解者總是處於一特定的處境中、不能站在這個處境之外，來明確區分主觀與客觀這兩種因素，這意味著一種現象學的立場。我們理解的對象始終是意向性的對象，理解永遠是面對直接所予的現象，即最基本的世界經驗，它是主體性和客體性相交關的場所，在此高達瑪是本著現象學的精神和立場，來對詮釋學的經驗進行描述。

歷史和傳統始終先於我們和我們的反思，它從屬我們的「被拋」狀況。所以高達瑪說，「並非歷史屬於我們，而是我們屬於歷史」⓫。我們只能站在傳統之內而不能站在它的外面去進行反思。理解有賴於前理解，判斷有賴於前判斷，這表明：歷史決定我們理解的可能性及其限度。我們首先屬於傳統，然後才屬於我們自己。

基於這一點，高達瑪要為「偏見」（prejudice）以及它的來源──傳統及其權威正名。偏見這個詞自啓蒙運動以來就一直具有貶

義。眾所周知，啓蒙主義的一項重要內容就是
要反偏見，要求人們無偏見地認識和理解世
界。然而高達瑪從效果歷史意識出發認爲，如
果眞是那樣的話，除非理性變成絕對的理性，
然而近代從休謨開始，就揭示了理性的限度，
甚至康德也不得不將純粹理性限定在與自然知
識有關的先天範疇形式裏，而理解歷史和傳統
沒有「偏見」（包括預設）則是難以想像的。
高達瑪認爲，啓蒙主義主張無偏見的理解是不
可能的，他嘲笑近代啓蒙思想家反偏見的說
法，不過是以偏見反偏見，這個偏見就是「否
定偏見」。相反，高達瑪非貶義地使用「偏見」
這個詞，將其看成是中性的，因爲它並不必然
就是虛假和無稽，而是在理解中實際起作用的
東西。問題不是帶不帶偏見，而是帶什麼樣的
「偏見」，有合理的偏見，也有非合理的偏見。
高達瑪反對啓蒙運動在這個方面的極端，即未
加區別地否定一切偏見，並且使消除啓蒙運動
在這個問題上的誤解，成爲哲學詮釋學的重要
任務之一。

　　但是如果以爲高達瑪在這個方面完全與啓蒙精神背道而馳那就錯了，因爲高達瑪並不認爲理解中的一切偏見都是合理的，他畢竟區分了「合理的」偏見與「非合理的」偏見。在理解中，非合理的偏見是應當剔除的，合理的偏見則應當保留。同時這也從一個角度表明高達瑪是反對相對主義的。正確的說法應當是高達瑪批判地發展了啓蒙運動在這個方面的思想和精神。這一點他比啓蒙思想家更辯證：無偏見的理解不可能，但不加批判地對待偏見也不對。他主張理性（批判）和傳統（偏見）之間不應只是對立的，而也應是統一的。

2.視域融合

　　與「效果歷史」緊密相關的另一個重要概念是「視域融合」（horizontverschmelzung）。這裏的「視域」實際上是一個隱喻，高達瑪主要用它來表徵「前見」的性質和作用，因爲效果歷史就體現於視域融合裏。

　　「視域」這一概念，在狄爾泰那裏就有了，但到了尼采、胡塞爾手裏，它的意義才凸

顯出來。受尼采和胡塞爾的影響高達瑪對「視域」作了如下引伸和說明：

> 視域（horizont）概念本質上就屬於處境概念。視域就是看視的區域（gesichtskreis），這個區域囊括和包容了從某個立足點出發所能看到的一切。**⑫**

此處的「視域」同「處境」相貫通，這裏的「處境」也就是「詮釋學的處境」。詮釋學的處境指解釋所涉及的一切前提之整體和總和，包括人的前理解（前見），人對意義的期待（sinnerwartungen）等等，理解的視域與之密不可分。此在不只是敞開它自己可能性的視域，而且它也同時遭遇到其中所賦予的限度。

在德文和英文中，「視域」即「地平線」（horizont／horizon），因為它的最大範圍就是天地的交界之處，它被引入詮釋學既表示一個人目力所能達到的最大範圍和界限**⑬**，同時又表明這種範圍和界限是不固定的，隨著主體運動，視域或地平線可以不斷地向前延伸，而地

平線可以不斷地向後退。就主體而言，視域的
邊界可望而不可及，借愛因斯坦的話來說是
「有界無邊」的，它體現了有限性和無限性的
對立統一。

　　經狄爾泰、尼采、胡塞爾、海德格和高達
瑪等人的努力，「視域」一詞今天已成了人文
主義哲學的一個非常重要範疇。視域和境界聯
繫在一起，人文科學的真理主要表現為一種視
域、一種境界。在哲學詮釋學中它屬於核心概
念之列。由於它的引入，使人們對理解本身的
認識產生了質的飛躍，就哲學詮釋學而言，離
開了它，「效果歷史」很難得到恰當的描述。

　　現在讓我們回到文本的解讀經驗上來。在
實現著理解的效果歷史過程中，總存在著兩種
不同的視域：一是文本的視域；一是理解者的
視域。文本有它自己的歷史視域，是因為它是
在特定的歷史條件下，由特定歷史存在的個人
（作者）所創造出來的；理解者也有自己特定
的視域，這種視域是由他自己的歷史境遇所賦
予的。而所謂理解無非是經驗這兩種視域的融

合。

　　理解一種文本，理解一種傳統無疑需要一種歷史視域，但這並不是說，我們是靠著把自身移入到一種歷史處境而獲得這種視域的。正相反，為了能這樣把自身置入一種處境裏，我們總必須已經具有一種視域。這種視域是由此在的在先結構所規定的，而這種在先結構是持續發生作用的經驗和傳統不斷疊加、積澱的結果。它造成了理解的條件，任何理解都必須由此出發。正是在這種意義上，高達瑪稱，「一切理解都是自我理解」❹。作為此在的人是在自己的存在和行為中去理解的，也就是在這種自我理解中，此在找到了自己的立足點。

　　因此，詮釋學的歷史意識首先是指對兩種視域的矛盾和差異的承認，它不是以犧牲一方而保全另一方來消除這一矛盾和差異，相反，他是透過視域的融合來揚棄這對矛盾和差異的。對文本的把握，或者說對任何一個與理解者視域不同的另一個視域的把握，都需要把它自身連同理解者當下的視域，移置到一個更廣

闊的視域中去，這個更廣闊的視域包含了被理解者和理解者的歷史視域，用高達瑪的話來說，這種移置「既不是一個個體對另一個個體的認同，也不是用自身的標準來使他人服從自己，而是自始至終包含著向一個更高的普遍性上升，這種普遍性不僅克服了我們自身的特殊性，而且也克服了他人的特殊性」❶。這種表述完全可以看作是黑格爾的辯證法，在詮釋學上的一個出色的運用，視域融合正體現了這種辯證法。當我們進入理解時，我們的視域或歷史視域不僅不會取消，相反共同構成了一個更為廣闊的視域，因為它成了包容歷史和當下的整體視域，原來不合理的視域在更大的視域中得到調整和修正，進而在這個過程中實現我們的視域和歷史視域的統一。這種統一構成了達到普遍性理解的根本保證。

由此可見，視域的融合標誌著一個更大視域的形成，這個更大的視域是透過一種內在矛盾運動發展而來的，它將歷史中所包含的一切都包容在內。但這裏必須強調，視域所達到的

融合是理解的形式而不是理解的終點，相反它只代表著人的理解的一個階段，並成為新的理解的前理解或出發點，理解就是這樣一個無限的辯證過程，它不斷地在自我的揚棄中實現自身，它不可能發生在視域融合之外，而只能發生在視域融合之內，因此它既不可能是純客觀的，也不可能是純主觀的，所謂「我注六經」和「六經注我」在這裏是難辨彼此的。這恰恰反映出一種辯證法的精神。

　　視域融合表明，理解既非由文本所決定，也非由解釋者來決定，而是由二者的統一來決定。它首先包括「恢復」歷史文本「原有」的視域，因此，考古和訓詁等手段不能不要，只有在此基礎上，再與解讀者當下的視域相融合，這才是理解的正確之途。那種撇開本文原有的視域於不顧、任憑解讀者自己的先見「投射」的做法，就根本談不上視域的融合，也是與高達瑪本來的思想不相符的。

　　理解具有事件性，視域融合產生「意義的事件」（sense-event），它既是辯證法的，又是

現象學的。既然真正的理解是一種「視域融
合」，即不再只是解釋者的成見，也不完全是
歷史或文本的原義，而是對二者的辯證揚棄與
相容，那麼「意義」就不應視為是自在的，
它一定是在文本和讀者共同參與下才會產生，
如果文本不同解讀者的前理解發生相互作用，
意義就不可能出現。很明顯，高達瑪的視域融
合說，包含一種現象學的眼光，在這裏主客二
分的思維模式完全站不住腳。

　　另外，視域融合是動態發展的，視域是理
解的起點、角度、立場和可能之前景，而非封
閉的、僵化的，理解者總是不斷地擴大並修正
自己原有的視域，視域的融合是對原有視域特
殊性的揚棄，其結果會形成一種新的、更大的
視域，而這種視域又會成為更新、更大一輪理
解的出發點。這樣理解的視域會逐步擴展，像
滾雪球一樣，它不僅包括原來兩個視域，而且
超越了原來的兩個視域，達到了一種更高的普
遍性。這實際上也就是黑格爾所說的「教
化」。從這個意義上講，整個人類的思想史、

認識史無非是人類理解視域、境界不斷擴展的
歷史，同時也是一部教化史。

3.時間距離

　　視域的「融合」是以視域的「差異」爲前
提，因爲無差異則無融合的必要。如前所述，
從辯證法的角度來看，理解無非是要解決同一
與差異的矛盾，而視域的差異是由時間距離所
造成的。

　　然而在文本與讀者理解意義的關係上，形
成了兩種不同的觀點：方法論詮釋學堅持解釋
即克服誤解、曲解，去趨近文本或作者原意，
在這種理解觀支配之下，時間距離當然只具有
消極的作用，因爲它是造成對原文誤解的根本
原因，施萊爾馬赫的「心理解釋」，狄爾泰的
「心理移情」都意在克服這種距離，但這裏的
「克服」實際上是「趨就」。而不以複製原義爲
目的的本體論詮釋學，則從存在論的現象學立
場出發，強調的是文本對於解釋者或理解者的
意義，而理解者與文本一樣也是歷史的產物，
受傳統的制約，傳統所導致的成見是解釋得以

進行的前提，意義的澄明和遮蔽在此同時發
生。因此，時間距離是理解和解釋賴以存在的
基礎，具有積極的意義。時過境遷，時間距離
打破了文本和作者的固有關係，使文本獲得了
自主性、獨立性，讀者與文本形成了一個新的
語境關係，而與作者和文本原有的語境關係不
同，這就開放了意義理解的空間和自由度，從
而使文本的所指永遠處於一種未決的、敞開的
狀態之中。

　　從這一點出發，在高達瑪那裏，時間不再
主要是間離傳統與現代、文本與讀者而必須被
填平的鴻溝。時間成了在現在根植於其中的事
件及其意義發生的基礎，它爲理解的建設性和
創造性提供了可能。因此，那種把時間距離看
成是消極的、在理解中有待克服的觀點，不過
是客觀歷史主義的一種幼稚幻想。高達瑪與之
相反，他強調，重要的問題應在於把時間距離
視爲理解的一種積極的有關創造的可能性。歷
史（傳統）是發展著的，它是連續性和間斷性
的統一；沒有連續性，歷史就會被割斷；沒有

間斷性歷史就不會發展。在這兩種情況下，都不可能有歷史。「時間距離」是一種距離，但它並不是一個張著大口的陷阱，而是為各種習俗和傳統所填滿，所以它又包含著一種連續性，正是由於這種連續性，一切流傳物的意義才向我們呈現出來**⑯**。

這裏時間距離所導致的差異是包含同一的差異，這裏的同一是包含差異的同一。時間距離的創造性，在藝術作品的價值和歷史事件意義的確立方面表現得最明顯、最典型。當代史比古代史更難寫的重要原因之一不在於史料的佔有與掌握，而在於作者同它之間的時間距離太近，很多意義呈現不出來，而且太易受到當代解釋者的偏見和情緒等主觀因素的影響和左右，而未經過時間距離很好地過濾。

對高達瑪而言，時間距離的積極意義還在於對一個文本真正意義的汲取（ausschopfung）是永無止境的，它是一個無限的過程，在這個過程中，一方面新的錯誤源泉不斷被消除，從而使真正的意義被過濾出來；另一方面新的理

解源泉不斷產生，使得原先意想不到的意義關
係展現出來，在這裏，時間肯定的方面始終是
伴隨著否定的方面出現的，它和海德格所揭示
之本源的存在和真理的嶄露是一致的。

　　由此，高達瑪認為詮釋學的批判性問題才
得以真正的解決，因為只有時間距離才能將理
解者賴以進行理解的真假偏見區別開來。從這
裏我們可以看到，高達瑪一方面為偏見（前見）
正名，另一方面又區分了真假偏見。這說明他
並非抽象地肯定一切偏見（前見）在理解中都
具有合理性，也不否認所有正確的理解和解釋
都必須「根據對象本身」，解讀者必須避免任
意的幻想和未曾意識到的思維習慣的偏狹性。
但問題是人不可能在去掉了非合理的前見之
後，再進入理解，如果這樣要求，無異於像黑
格爾譏諷康德的那樣，在未學會游泳之前，先
不要下水。

　　在高達瑪那裏，區別真假偏見（即合理的
偏見與非合理的偏見）的方式有二：一個是透
過事情本身與前理解的交互作用進行調節；另

一個就是透過時間距離進行過濾，它可以使非合理的偏見消失或淡化，而讓有利於眞正理解的合理偏見浮現出來。視域的融合所形成的新視域不僅包含經過時間距離過濾所存留的眞前見或合理的前見，還包含在時間距離中所生成的新意義。

由此可見，時間距離不僅可以去掉一些不合理的前見，保留一些合理的前見，並且還可以增加一些新的合理的前見。由於前見始終處於不斷建構、解構、重構的流變中，這就保證了理解的發生、發展、變遷以及自我批判性。在一定的條件上可以講，理解無非是對時間距離賦予了什麼的理解。

以上我們逐一分析了「效果歷史」、「視域融合」和「時間距離」這三個範疇，下面需要進一步說明的是它們在哲學詮釋學中是密切相關的，三者共同構成了高達瑪的效果歷史理論的基本內容，並具有內在的聯繫：首先，時間距離造成了視域上的差異，有差異就會有融合的需要，融合最終表現在一種效果歷史中，

而效果歷史意識之「效果」，無非是視域的差
異透過融合所產生的「效應」或「作用」，實
際上也就是一種理解的「事件」（ereignis /
event；geschehen / happening），這種「效
應」、「作用」或「事件」永遠是「歷史的」。
筆者認為，以上就是效果歷史理論的內在系統
和結構。

　　顯而易見，它打上了辯證法的烙印，並和
黑格爾有著某種若即若離的關係。高達瑪說，
「我們必須從黑格爾的觀點，以及與黑格爾相
區別的觀點，來規定效果歷史意識的結構」
⓱。同黑格爾的聯繫，主要指它具有一個類似
「正—反—合」的結構；同黑格爾的區別，主
要指它是無底的，並不指向一個全體的絕對知
識或絕對的理解，它永遠向未來無限地開放。

　　總之，正如高達瑪所指出的那樣，「理解
就是一種探險」⓲。它意味著一種實踐、一種
經歷或一種經驗，即經驗一種不同視域的融合
與擴展。

三、詮釋學的我—你關係

在探討詮釋學經驗的結構時，高達瑪不僅從否定性以及同一與差異的角度揭示了詮釋學經驗，而且還從「我—你」關係這一角度對詮釋學經驗（包括效果歷史意識）作了進一步的拓展和定位，使之顯得更加充實，從而深化了人們對詮釋學經驗的理解，它向我們表明，任何理解不僅是「我」的理解，而且也是關於「你」的理解。它的核心不是主客體的認識而是主體間的視域交融或對話。

在西方哲學史上，無論在高達瑪之前還是之後，都曾有哲學家、思想家論及過「我—你」關係的問題，而高達瑪獨到的貢獻在於突出了這個問題對於詮釋學的意義❶。

我們知道，施萊爾馬赫的詮釋學追求的是一種「在我你關係中可以實現相同的理解（kongeniale verstehen）」，對施萊爾馬赫來說，文本似乎不是「它」而是「你」，這個「你」指向作者，理解過程無非是一種重新認識文本

作者的精神創造過程，它類似於天才的預感活
動，這種活動的可能性，依據一切個性之間的
一種在先的聯繫，即一切個性都是普遍生命的
表現，因此，每一個人在自身內與其他任何人
都有一點關係，這樣預感可以透過與自身相比
較來進行，從而有可能使解釋者實現由「自我」
向「他我」的轉換，最後達到對作者思想及個
性的把握❷。

　　狄爾泰在施萊爾馬赫這一思想的基礎上，
更進一步。他明確地區分了「經驗」和「體
驗」，前者涉及自然科學，它所表現出來的是
主—客關係；後者涉及人文科學，它所表現的
是主—主關係。狄爾泰認為，要理解他人就必
須在自己心靈中設身處地「重構」他人之經
驗，重構即一種「再經歷」，理解也就是「在
你中發現我」，只有把「我」解釋成「你」，理
解才可能。

　　從這點出發，狄爾泰進一步擴大到整個文
化，即廣義的文本，因為文化作為傳統存在的
方式在本質上是語言性的。狄爾泰探討了文化

產品由「它」轉化爲「你」的理解過程。在他
看來，任何一個文化對象當我們尚未理解時，
都是一個異己的或陌生的「它」，一旦我們眞
正理解了這個陌生的文化對象時，異己的「它」
就變成了熟悉的「你」，其陌生性將隨之消
失，它開始有意義，而我們則發展了同它的關
係，它成了一個「你」而不是「它」。理解即
是我或我們與它或它們建立起一種類似「對話」
的關係，最後熟識對方。

透過對比，人們不難發現，施萊爾馬赫和
狄爾泰的「我—你關係」說，大同小異，都是
從認識論意義出發的，其模式可簡括爲：運用
方法，透過將「我」轉換成「他」，使「他」
變成「你」，即另外一個「我」。但由於以把握
作者「原意」爲目標，因此他們所謂的我—你
關係帶有一定的虛假性，而與高達瑪大異其
趣，後者的這一思想的理論背景已發生了根本
的變化。

不過，在展開高達瑪的有關分析之前，我
們必須認識一位非常重要的人物，他就是德國

當代著名的猶太宗教哲學家馬丁・布伯。這是我們在研究高達瑪詮釋學的時候，所不應忽略的。通常人們將馬丁・布伯視為二十世紀最傑出的宗教哲學家之一，這當然不錯，但他的思想貢獻和意義遠不僅限於宗教哲學方面，還包括詮釋學。

馬丁・布伯的哲學從不同的角度可稱為關係哲學、相遇哲學、對話哲學，「你」的哲學，它所體現的是一種關係本體論，而非實體本體論，並且它還是一種建立在主體性間、理論基礎之上的對話主義，其思想具有鮮明的時代特色。

馬丁・布伯是狄爾泰的學生，他自己在聖經詮釋學，尤其是在希伯萊聖經解釋方面有具體的貢獻。然而最重要的是他的關係哲學或對話哲學對現代詮釋學哲學具有普遍的意義。

布伯一生最重要的著作《我與你》挑明了世界的二重性與人生的二重性，即「你」的世界與「它」的世界的對立、「我—你」人生與「我—它」人生的對立。馬丁・布伯說，世界

上根本不存在孑然獨存的「我」。它要麼出現在「我—你」（I—Thou）關係之中，要麼出現在「我—它」（I—It）關係之中。「我—它」中的「它」是我的對象世界或經驗世界，是被動的。我—它關係以工具主義的態度為根據，這種「我—它」實際上不能稱之為「關係」（the relationship），因為它有條件、有所待、相互利用，彼此化為對方的手段。只有「我—你」才屬關係，比如愛、友誼、審美、真正意義上的教育等就屬於這樣一種關係，這裏的「你」，和「我」一樣，是主動的。總之，只有那種純屬之間的，既不依附於「我」，又不歸屬於「你」的關係，才是本來意義上的關係。在「我—你」關係中，世界不是作為「它」被認識，被利用，而是化作「你」來相遇、對話。

　　與之相關聯，高達瑪在詮釋學經驗中發現了一個類似布伯所揭示的「我—你」關係。在他看來，一切事物在語言上都有它的存在，文本也不例外，因此，他稱文本是「你」。他借

用這一表述旨在強調，詮釋學的經驗即對傳統
的理解是一種對傳統經驗的經驗，我們包含在
傳統之中是一種參與關係，而且是一種對話的
參與關係。這裏的「你」（Thou）不是一個
「對象」或「客體」（It），而是處於與「我」（I）
相聯的關係中。我—你關係（I—Thou）是主
體對主體的關係，但在高達瑪那裏，這種主—
主關係並不是一種神秘精神共有的關係，而是
意義的參與和分享，這種分享是在傳統中的分
享。當高達瑪談及詮釋學實踐面對傳統時，他
並沒有從舊有的方法論和認識論出發。「傳統」
對高達瑪來說，並不簡單地只是一個人透過經
驗去認識或學會去控制的一種東西，它是語
言，它如一個「你」（Thou）那樣表達自身，
換言之，傳統遠不是一個對象，它更像對話中
的另一個人。解釋者與文本彼此相屬，二者之
間是一種我—你關係，儘管高達瑪這種說法十
分接近狄爾泰，但其基礎同浪漫主義詮釋學有
了根本的區別，他的立場與布伯基本一致。

　　高達瑪對於詮釋學經驗的描述，從一個類

似的現象──「我─你」的關係入手，是十分
有意義的，它表明，關於理解的看法不應變爲
主體與客體間認識論的關係，用馬丁‧布伯的
術語就是不應作「我─它」的關係來對待，而
應作「我─你」的關係來處理。「我與你」必
然導致一種「對話」，「我與它」只會變成
「獨白」。因此，在高達瑪那裏，「我與你」既
是對效果歷史意識的描述，同時又構成了從詮
釋學的經驗進入到詮釋學對話的中介。其實馬
丁‧布伯的「我─你」關係的學說在黑格爾的
自我意識辯證法中，就已得到了初步的表述，
而且後者對高達瑪詮釋學產生的影響更爲有
力。

　　衆所周知，「自我意識」是黑格爾哲學中
最著名的章節之一，歷來被譽爲辯證法的傑
作。高達瑪認爲，它在《精神現象學》所經歷
的整個過程中佔有核心的地位㉑。

　　《精神現象學》中的一個非常重要的思想
是：自我意識不能獨立存在。人類自我意識的
發展所邁出的決定性一步，就是承認自己只有

透過對立物才能存在，而以屈從和同化異己的
方式，絕不會達到真正的自我意識。正是在這
裏黑格爾揭示了自我意識的辯證法。高達瑪將
其譽為「黑格爾思辨辯證法的一個最可愛之
處」，也是「黑格爾最偉大的功績之一」❷。
它向我們昭示承認必須是相互的，只有當我從
別人那裏，別人也從我這裏獲得確證時，自我
意識才成其為自我意識，這也就是黑格爾向我
們展示的「承認辯證法」❷。按照他的描述，
人從你死我活的關係到主奴關係，再到相互承
認的關係，這是人類思想史上的巨大飛躍，但
達到這一認識不是一蹴而就的，而是經歷了一
個漫長的歷史過程。它的意義是多方面的，而
非狹隘的。

　　可以說高達瑪的效果歷史意識的深層次之
理論基礎，是黑格爾的承認辯證法和馬丁·布
伯的關係哲學。二者的融合即構成高達瑪的我
—你關係的辯證法之理論背景，它對詮釋學經
驗的揭示意義非常大。高達瑪指出，「詮釋學
經驗與流傳物有關，流傳物就是可被我們經驗

之物。但流傳物並不只是一種我們透過經驗所認識和支配的事件（geschehem），而是語言（sprache），也就是說，流傳物像一個『你』那樣自行講話。一個『你』不是對象，而是與我們發生關係」。這裏的關係指「我－你」的關係，流傳物或文本應作為一個真正的交往夥伴出現，我們與它的夥伴關係，類似「『我』和『你』的夥伴關係」❷❹。這裏的「夥伴」意味著雙方無一方是主導者（leader）。這裏的「關係」，同馬丁・布伯的用法一致，而且體現為一種辯證的關係。

　　在《真理與方法》中，高達瑪從詮釋學的立場出發，分析了「我－你」關係的三種類型，其中每一種類型都體現著一種與文本或傳統不同的態度。

　　第一種類型指的是這樣一種對「你」的經驗：把人當成物，當成對象，用一種科學的態度來加以考察和把握，從同類的行為中概括出典型的規律性認識，以便能夠以此類推，對人的行為做出某種預見和一般的把握。這裏所得

到的是一種普遍關於人的性質的認識。對它來講，理解一個人和理解一個典型事件沒有什麼區別。理解人的行為可以幫助我們認識人性，人的行為不過是作為我們把握人性的工具。在施萊爾馬赫、狄爾泰之前，較早的詮釋學相信分類（classification）是把握事物本質的重要手段，它也是啓蒙時代普遍存在著的一種解釋觀。

　　高達瑪對此進行了批判，指出，如果將這種態度帶到詮釋學中，那麼勢必產生對方法的崇拜，其對應的詮釋學經驗就是用方法來確保理解的客觀性。由此可見，這裏呈現的「你」的經驗，實際上反映的是一種「我—它」關係，是真正的「我—你」關係的異化。在這裏，理解的交往由人的關係變成物的關係，換言之，這裏的「你」的經驗不是作為主體與主體的關係，而是降格為主體與客體的關係。

　　對「你」的經驗和「你」的理解的第二種類型是：承認「你」不是物，而是人。與第一種類型相比，第二種類型強調「你」不是一種

直接的關係，而是一種反思關係，不是一種類型，而是一種歷史的特殊實體。高達瑪認為第二種類型獲得的對「你」的經驗比第一類型更為恰當，因為人性認識只關注一個人如何行動，並把這種行動看成一個可以絕對被認識和被利用的工具，這是一種幻覺。如果我們要理解他人，我們就必須從他那裏取得他自己要求的一切合法性，必須回到他的歷史中去，如孟子所說「知人論世」。同時它相信透過創造性的重構，解讀者能像作者那樣理解，甚至比作者理解他自己理解得更好。

在詮釋學領域中，與這種對「你」的經驗相對應的形式，乃是被高達瑪稱為「歷史意識」的東西。歷史意識強調他物之他性，即獨一無二性。和第一種類型不同，「歷史意識在過去的他物中，並不尋找某種普遍規律性的事件，而是找尋某種歷史一度性的東西」，且「它在對他物的認識中要求超越它自己的一切條件」。這裏，高達瑪顯然指的是施萊爾馬赫、狄爾泰的浪漫主義詮釋學和歷史學派的歷史主

義。他們所秉持的仍然是歷史啓蒙中不可能實
現的幻想。這方面與第一類型很相似，他們所
關注和追求的是被解釋者的歷史性而忽略解釋
者本身的歷史性，這是極不公平的，它限制了
理解的自由、創造和發展。可見，浪漫主義的
解釋原則和啓蒙主義所信奉的解釋原則，並沒
有太大的區別。

　　以上這兩種類型，實際上所反映的都是布
伯所說的我─它的關係，而不是眞正的我─你
關係。正是基於這種認識，高達瑪引出了關於
「你」的經驗中第三種類型，這就是效果歷史
意識。它揚棄了前兩種類型的片面性，突出了
理解的開放性。這種開放既是「我」對傳統的
開放，也是傳統對「我」的開放，因此是對
「你」的經驗的一種眞正符合關係。啓蒙主義
強調普遍性和一般性，浪漫主義強調個別性和
歷史性，前者在詮釋學經驗方面試圖化「它」
爲「你」，但最後仍落入「我─它」的關係，
因此所體現的是一種虛假的「你」的經驗。後
者在詮釋學經驗方面，只在一定程度上體現了

「我—你」關係，然而很不充分，並未達到一種真正完全的符合關係。只有在第三種類型，即哲學詮釋學所揭示的效果歷史意識中才真正實現了「我」與「你」的「互化」或綜合統一。因此，只有它才是真正的、名副其實的詮釋學經驗，而高達瑪對此類型的分析，明顯遵循著黑格爾精神現象學中「承認辯證法」的模式，並且最接近馬丁‧布伯所揭示的「我—你關係」。

他指出，第三種類型強調，在人類的理解行為中最重要的東西，乃是真正把「你」作為「你」來經驗，也就是說，不要忽視「你」的要求，以便讓它能對我們真正說點什麼。第三種類型強調理解的開放性，而對他人的開放包含著這樣一種承認：我必須接受某些與我自己的意見相左或不一致、甚至正相反對的東西，要能夠接納文本對自己說「不！」（No）。

但聽取別人並不意味著我們應無條件地接受他的意見，誰這樣做，誰就是奴隸。借用黑格爾的術語，文本並不代表「獨立意識」，理

解者也不代表「依賴意識」，或者相反。理解者和文本二者之間的詮釋學身分和地位是平等的，是相互承認的關係。

　　高達瑪在這裏批評了蘭克學派的歷史客觀主義根本不是真正的開放，當它要求「歷史地」閱讀文本時，它總試圖消除傳統對我們認識的影響。高達瑪還批評了施萊爾馬赫和狄爾泰沒有思考第三種類型的詮釋學經驗，卻只是停留在第二種類型的詮釋學經驗上，他們與客觀性的要求相聯繫，但對高達瑪來說，這種客觀主義恰恰忽略了下面這樣一個事實：歷史意識本身根植於歷史效果之中。高達瑪的努力就是要實現這種超越，即從上面談到的關於「你」的經驗類型的第一種、第二種進入到第三種，也就是說要超越啓蒙主義、浪漫主義對這個問題的認識。

　　如前所述，對於黑格爾來說，自我意識的發展是透過對他人的承認而成為可能的。應用於理解方面，其基本前提就是要在我和你之間產生真正的聯結，要善待對方，把對方作為對

方，視「它」（他或她）為「你」。為了能夠對
話，首先必須能夠傾聽。一切對話都是相互理
解，並把對方包括在內，文本不是無人格的，
理解和被理解雙方處於一種主體間的關係中，
它在本質上是「對話」的，而不是「獨白」。
這裏實際上已涉及到詮釋學與倫理學之間的關
係了，涉及到一種道德的經驗了。

　　總之，理解絕不是一個主體對客體的單向
涉入，而是對象作為一個他者的「你」同「我」
的雙向交流，理解者和被理解者不再是主—客
關係，即「我—它關係」，不是認知與被認知
的關係，也不是陳述與被陳述的關係，而是主
—主關係，即「我—你關係」（此中的「我—
你」中的「你」是另一「我」，它也是一個主
體），亦即平等對話關係，只有這樣我們才能
真正傾聽對方。新詮釋學是一種「我—你關係」
的詮釋學，而古典詮釋學是一種「我—它關係」
的詮釋學。而高達瑪從我—你關係的辯證法角
度中，進一步規定了詮釋學經驗的本質，並且
更精確地刻畫了效果歷史意識的特徵，這就是

詮釋學經驗不僅是有限的、否定的和開放的，而且是在一個交往的共同體中完成和實現的。

註　釋

❶ 海德格前期關注存在意義的歷史性，後期關注存在意義的語言性。

❷ 指狄爾泰的論文《與早期新教詮釋學比較中的施萊爾馬赫的詮釋學體系》，它可能是第一篇最重要的西方詮釋學史方面的著作。參見J. 格羅丁，《哲學詮釋學導論》，英文版，耶魯大學出版社，1994年，第5頁。

❸ 參見《狄爾泰選集》，英文版，第4卷，普林斯頓大學出版社，1996年，第231頁。

❹ 張祥龍，《海德格的〈康德書〉——理解〈在與時〉之門》，載《德國哲學論文集》，第13輯，北京大學出版社，1993年，第21頁。

❺ 參見高達瑪，《柏拉圖的辯證倫理學》，英文版，耶魯大學出版社，1991年，第29頁。

❻ 按照海德格的看法，理解是一切解釋的基礎，解釋必須以先行具有的理解為前提。

❼ 高達瑪，《詮釋學II：真理與方法—補充和索引》，臺灣版，洪漢鼎、夏鎮平譯，第39頁。

❽ 高達瑪，《真理與方法》，德文版，第440頁；中文版，下卷，第594頁。

❾ 《馬克思恩格斯選集》，第1卷，人民出版社，1995年，第585頁。

❿ 高達瑪，《詮釋學II：真理與方法—補充和索引》，臺灣版，洪漢鼎、夏鎮平譯，第39頁。

⓫高達瑪，《眞理與方法》，德文版，圖賓根，1986年，
第281頁。

⓬高達瑪，《眞理與方法》，德文版，第286頁；中文
版，上卷，第388頁。

⓭馮·洪堡、狄爾泰所說的「世界觀」實際上包含有這
方面的意思。

⓮高達瑪，《哲學詮釋學》，英文版，加利福利亞大學出
版社，1977年，第55頁。

⓯高達瑪，《眞理與方法》，德文版，第288頁；中文
版，上卷，第391頁。

⓰參見高達瑪，《眞理與方法》，德文版，第281頁；中
文版，上卷，第381頁。

⓱高達瑪，《眞理與方法》，德文版，第328-329頁；中
文版，上卷，第444頁。

⓲高達瑪，《科學時代的理性》，英文版，麻省理工學院
出版社，1986年，第110頁。

⓳儘管他在這方面缺乏深入的分析和系統的說明。

⓴參見高達瑪，《眞理與方法》，德文版，第177頁；中
文版，上卷，第245頁。

㉑參見高達瑪，《黑格爾的辯證法》，德文版，圖賓根，
1980年，第49頁。

㉒高達瑪，《科學時代的理性》，德文版，法蘭克福，
1976年，第45-46頁。

㉓實際上，黑格爾《精神現象學》中所描述的主奴關係
就是我—它關係，而相互承認的關係也就是我—你關
係。例如，奴隸要麼是「他」或「她」，但在主人眼裏

　不過是「它」，因為對於主人來說，奴隸只是會說話的
工具。

❷高達瑪，《真理與方法》，德文版，第340頁；中文
版，上卷，第460頁。

第六章
哲學詮釋學的兩大基本內容（2）：理解的語言性

　　前一章我們著重從三個方面討論了理解的歷史性，這就是：詮釋學循環、詮釋學經驗和我—你關係。「我—你關係」承先啓後，它透過對「你」的經驗的揭示，在「效果歷史意識」和「對話」之間搭起了一座橋，這樣也就很自然地過渡到「理解的語言性」的問題。

　　詮釋學經驗在本質上就是語言性的，因此人的理解活動最終可歸結爲一種語言的交往實踐活動。如果說馬丁・布伯從「我—你關係」中引出他的「對話理論」，那麼高達瑪詮釋學的思路大體上也是如此。他將歷史流傳物（文本／傳統）作爲「你」而不是「它」（對象）來看待，本身包含有要在解釋者和文本之間確立一種經驗的「對話」關係的思想，我—你關係在他那裏構成了對話關係的前提。因此，我—你關係從另一個側面講就是對話關係，二者不可分，而且它還表明，任何理解都是一種相互理解。

一、語言與遊戲

　　在詮釋學中如何把握對話中的語言本質，這是高達瑪不可迴避的問題。為此他找到了一個重要的意象來加以說明，這就是「遊戲」。

　　眾所周知，在哲學詮釋學中，「遊戲」概念佔據著十分突出的位置，它是高達瑪理解語言和對話的重要途徑。在他眼裏，遊戲與對話是異質同構的。高達瑪所推崇的對話從本質方面著眼可以用「遊戲」來加以表象。他從二者的聯繫中發現了詮釋學的原型，並從遊戲模式去考察我們世界經驗的普遍語言性，這和後期維根斯坦的思想走到一塊了。

　　高達瑪引入「遊戲」這一概念，並稱它是理解和解釋的「本體論說明的線索」，其目的除了從根本上去揭示語言的本質外，還要努力克服西方哲學自笛卡兒、康德以來的那種「徹

底的主體化」思維方式。在這個方面，高達瑪
同樣遵循的是海德格後期的思路，並進行了創
造性的發揮。

　　高達瑪始終將自己同現象學運動聯繫在一
起，對遊戲的分析也不例外。他對於「遊戲」
的描述可以說是最成功的現象學分析的例子之
一。高達瑪對「遊戲」的現象學描述直接從日
常遊戲活動開始。他始終強調的是我們參與於
其中的遊戲的先在性，遊戲只有當遊戲者在遊
戲中失去自身時才實現它的目的。因此，遊戲
首先應理解爲一種「發生」，一種「生存」，而
絕非是一個「對象」❶。

　　高達瑪關於遊戲的現象學描述，有力地指
出了試圖從作者或解釋者的主觀出發，去把握
理解活動的不當。在他的視域中，遊戲並不完
全受遊戲者的意識左右，因此，遊戲的意義遠
比某種主觀的行爲要豐富得多。同樣，語言也
不完全受言語者的意識左右，因此，語言的意
義也遠比某種主觀的行爲要豐富得多。它們都
只是作爲一種「事件」發生。這裏高達瑪堅決

摒棄了康德、席勒從主觀性角度去理解遊戲的做法，強調在遊戲中，決定遊戲的不是遊戲者個人的意識，而是遊戲本身。遊戲者遊戲時必然會不由自主地被遊戲本身的規律裹挾著，左右著，而減弱自我意識。當人們進入對話時，情形也類同，支配對話的不是對話者的自我意志，而是話題本身的規律（logos）。

　　同時高達瑪也宣稱：人文科學中本質性的東西既不在主觀性，也不在客觀性，而是解讀者同對象之間前分離的關係，對於它來講重在參與，因為人文科學中的真理和意義的實現離不開解讀者的介入。高達瑪說得好，「對話就是對話雙方相互參與並分享著真理」❷。這一點在藝術和歷史經驗中尤其明顯、突出，而遊戲和對話的模式就可以闡明這種介入的形式結構。為了更加凸顯這一點，高達瑪引入了一個與「遊戲」相關的概念「節日」，並透過對它的分析加大了對這一問題論證的力度。

　　高達瑪的遊戲說，就包含了這種參與的思想，而所謂「節日」不過是週期化的、擴大了

的遊戲。高達瑪對「節日」討論明顯受到古希臘傳統的影響，因爲宗教節日在古希臘文化生活中是基本的參與經驗，它們在古希臘人那裏具有特別重要的意義。

　　眾所周知，節日是典型從日常生活中提升出來的交往經驗，它離不開慶祝，節日活動僅僅由於被慶祝才存在，即具有現實性，它的前提條件就是要有慶祝者的參與。如果到了節日這一天，非常冷場，無人來慶祝，節日也就名存實亡了。節日「使參與者超出了他們的日常存在而進入到一種普遍的交會中，因此，節日具有它自己特殊的時間性。它本質上是一種反覆現象」❸，即節日總是年復一年地循環週期性地舉行，沒有這種循環，節日本身也不會存在。節日的本質是在循環中不斷地被理解的。同樣，一件文本，例如一部藝術品，它持續的現實性的存在就在於它能不斷地、反覆地被閱讀和領會。

　　高達瑪對「遊戲」和「節日」的分析是有著內在聯繫的，前者側重在非主觀性，後者側

重在參與性。其實無論遊戲還是節日，這兩個
方面都是內含於其中的。

　　節日存在於慶祝之中，還包含著「變遷」
與「重返」這一矛盾的對立統一，而理解和解
釋剛好體現出這種對立統一。在這裏，高達瑪
透過藝術揭示了時間的同時性和連續性的辯證
關係：當我們閱讀代表「過去」的文本時，我
們看起來是「重返」，但實際上有了差異，它
是包含著「變遷」的「重返」，正如節日年年
過，儘管還是同一個節日，但每一次過，意義
都有所不同了。在理解的經驗中，對於經典性
的文本必須不斷地透過解釋和再解釋來更新其
意義，以適應其「變遷」的需要。

　　與之相對，「節日」作爲一種隱喻對詮釋
學還有另一層辯證的意義：雖然文本的意蘊永
遠不可能被人掏空，我們總是做出不同的理
解，但是理解的多樣性並不排斥理解具有某種
同一性或統一性，正如節日年年過，雖然每一
次過，意義都有所不同，但畢竟還是同一個節
日。高達瑪認爲，利用永無止境的多樣性來反

對文本不可動搖的統一性是荒謬的。在這方面，高達瑪既不贊成以堯斯爲代表的接受美學，也不贊成以德希達爲代表的解構主義，因爲它們都只主張意義的多樣性而反對意義的同一性❹。這從一個側面再次表明，高達瑪既要超越絕對主義，又要超越相對主義。當然高達瑪堅守文本意義的同一性並非要回到形而上學，他將理解的差異性與文本的統一性聯繫起來，實際上就是要正確地對待和處理文本的同一性，和意義的不可窮盡性之間的矛盾。

　　總而言之，詮釋學過程的眞正實現，既包括被解釋的對象又包括解釋者的自我。儘管一切理解都是自我理解，但這並不意味著理解是由理解者自我決定的，因爲自我理解只有在對一論題進行理解時才能實現，因此，高達瑪的遊戲、對話理論可以說含有黑格爾的自由並不等於任性的思想。如果一個人加入另一個人的對話之後，便會在對話的推動下一步步深入下去，那時個人的意志不再起任何決定作用，在這裏是語言操縱人，而不是人操縱語言，是語

言說我們，而不是我們說語言。就文本來講，
是語言言說而非作者言說。語言的存在論意義
使語言與主體性無關，語言的對話特徵優於主
體的主觀性。正如在拳擊比賽中，拳擊手任何
一方到底是使用直拳、擺拳，還是勾拳，這儘
管是由運動員自己發出的，但又不完全是由他
所決定的一樣。談話主題在對話中引起爭議，
引出陳述和相對的陳述，最後使它們相互滲
透、相互融合，有其自身的規律，它非常類似
黑格爾的「理性的狡計」。在黑格爾那裏，
「邏各斯」（logos）作「理性」解，而在高達
瑪那裏主要作「說話」解，因此，黑格爾的
「理性的狡計」在高達瑪處實際上轉化爲「語
言的狡計」，它們可統稱爲「邏各斯的狡計」。
在這裏「語言（logos）的狡計」具體表現爲
凡能被理解的，總要進入語言，而本來是「我」
與「你」的對話，說出來的卻是一個第三者
──存在的意義，存在藉對話者的對話來顯現
自身。從這個方面我們既可以看到高達瑪同黑
格爾的聯繫，又可以看到他們之間的區別，而

且還可上溯到古希臘哲學的淵源。

二、問答邏輯

　　高達瑪將詮釋學的任務歸結為與文本進行對話。當歷史性的文本激起解讀者的興趣時，解讀者就不再站在該文本之外，而是進入其中，與之進行「交談」，而交談離不開提問與回答。高達瑪不僅揭示了詮釋學的對話性，而且還揭示了其對話性、開放性的邏輯結構，這就是「問答邏輯」。

　　高達瑪將人類思想中的邏輯劃分為三種，即科學的「獨白式」邏輯，黑格爾絕對唯心論的「辯證式」邏輯以及哲學詮釋學的「對話式」邏輯。自然科學之所以是「獨白的」（monological）是因為科學家面對的是他試圖控制並加以認知的客觀世界，而不是他需要與之進行思想交流和溝通的另一個主體世界。儘

管在一切科學中都含有詮釋學的因素，因而都
或多或少具有對話的成份，但從整體上看，在
自然科學中突出的是因果性的說明，而不是對
話性的解釋，「獨白」的色彩較濃。

　　至於黑格爾唯心論的辯證邏輯，實際上也
是「獨白」的，因為按照他的唯心主義體系的
要求，正題和反題總要統一於合題，差別總要
消融於同一，它最終所追求的是絕對的知識或
科學。

　　高達瑪認為，只有詮釋學經驗的「邏輯」
才是「對話」的邏輯。引出這種邏輯的思路是
這樣的：既然詮釋學經驗具有開放性，那麼它
就應當用一個開放性的邏輯結構來加以描述，
這種描述是從問題入手的。在對理解作深入的
分析時，高達瑪發現問題概念具有十分重要的
意義，在詮釋學經驗中預先設立了問題的結
構。經驗的開放性意味著問題性，如果沒有問
題被提出，我們是不可能有任何理解的經驗，
而經驗所具有的辯證的否定性和開放性始終體
現於問題的結構之中。

　　問題將被問的東西帶入某種特定的背景中，它的出現「好像開啓了被問東西的存在，因此展示這種被開啓的存在的邏各斯就已經是一種答覆，它自身的意義只出現在問題的意義中」❺。由於問題的這種性質，可以說，它本身在方向上就預設了回答，而回答同時又會激發新的問題，新問題又會誘發新的回答，以此不斷向前推進，這就是問答的辯證法，亦即「問答的邏輯」（die logik von frage und antwort）。理解就是這樣發生、發展的。

　　對高達瑪問答邏輯的直接啓示主要來自兩個方面：一是柏拉圖對話中蘇格拉底的辯證法；二是科林伍德的問答邏輯。

　　如果說詮釋學經驗的基本模式是我—你關係的對話模式，那麼問答邏輯則是這種對話模式的邏輯形式。這種邏輯形式，不僅突出了詮釋學經驗的對話性質，而且也將它和古代辯證法聯繫起來了，而古代辯證法最典範的表達可以追溯到柏拉圖，他的對話就是以問答關係爲其基本的內在動力，辯證法的精神就從這裏面

嶄露出來。

「辯證法」一詞的含義儘管在柏拉圖著作中不只一種，但其最基本的意思和給人突出的印象總是和「對話」、「交談」、「討論」、「問答」聯繫在一起，高達瑪就認爲，對話構成了柏拉圖辯證法最本質的特徵。

柏拉圖的對話向我們表明，提問比回答更困難，也更重要。相比較而言，問題對於一切認識和對話具有優先性，因爲揭示某種事情意義的對話「需要透過問題來開啓」❻，因此理解起始於提問，而提問也就是進行開放。所謂開放係指提問將被問及的東西置於一種懸而未決的狀態之下，回答無確定性、無固定性。問題的本質就是敞開種種可能性並保持這種敞開，如果沒有這種性質，問題就缺乏眞正的意義。

但問題的開放性並非毫無邊際，它本身又包含了問題視域所劃定的某種界限。倘若沒有界限，問題就是空的、假的。提問既預設了開放性，同時又預設了限制性。可見，問題的內

部就存在著發散與聚斂、敞開與封閉的張力。
這就爲回答和不斷地再回答提供了條件。

　　雖然解釋者和文本之間的關係並不眞正就
是現實的兩個人之間的交往關係，甚至也不是
作者和讀者之間的關係，然而只有當解釋者將
文本帶入到這種關係之中，理解才會眞正地發
生。

　　如果說高達瑪從柏拉圖筆下的蘇格拉底
「對話辯證法」中尋找到了詮釋學的問答邏輯
的原型，那麼這種邏輯的進一步明確化並被命
名爲「問答邏輯」，則應歸功於他從英國新黑
格爾主義者科林伍德那裏得到的啓迪。

　　「問答邏輯」是科林伍德最具獨創性的思
想之一，從青年時代起他便用這件利器去對抗
實在論者、邏輯經驗論者的「命題邏輯」。作
爲一個歷史學家，科林伍德從考古實踐中獲得
重要的啓示，這就是提問活動（questioning
activity）在認識中所具有的重要作用。他感到
知識不僅包括「命題」、「陳述」或邏輯學家
用來指明有關思想陳述規則的任何名稱，而且

還應包括陳述、命題等意欲回答的問題。一種
只關心答案而忽視問題的邏輯，只能是錯誤的
邏輯❼。他打算用問答邏輯來取代命題邏輯。
他所謂的命題邏輯是傳統邏輯、十八至十九世
紀的「觀念論邏輯」和十九至二十世紀的符號
邏輯統稱。

　　命題邏輯的主要任務是分辨命題的真假，
但科林伍德的「問答邏輯」不是這個意義上
的，它與歷史觀相聯繫。科林伍德眼裏的人類
歷史是由無數問題與回答環環相扣，彼此銜接
所組成的無盡過程。與自然依靠命題邏輯來揭
示不同，歷史要依靠問答邏輯來揭示，因為人
類社會生活中每一事件都是主體有意識發動
的。科林伍德認為，歷史中遺失得最多的莫過
於問題，歷史人物已經「不在場」了，但他們
卻遺留下對問題的種種回答（如文物、文獻
等），而將自己心中的問題，尤其是那些自己
還沒有回答的問題帶入了墳墓。因此歷史學家
最重要的工作就是以留下的答案為線索，去回
溯、重構（reconstruct）已失去的問題，並透

過問題讓文物、文獻開口「說話」，說出它們之間的某種內在聯繫或統一性，以反映出一定文化的基本精神，這便是再現歷史，理解歷史。科林伍德這些思想無疑對高達瑪有很大的幫助，使他意識到對話經驗可以用一種新的邏輯來刻畫，這種邏輯就是「問答邏輯」，它能更深刻地揭示對話的本質及其對詮釋學的意義。

　　在科林伍德思想的基礎之上，高達瑪明確指出，人文科學的邏輯是問答邏輯。然而科林伍德並沒有深入展開對他所提出的「問答邏輯」的分析，而且他的出發點是歷史學和考古學，與古代對話辯證法無關。對於高達瑪來說，它只是一個天才的思想火花，高達瑪並非在自己的詮釋學理論中，完全照搬或簡單移植科林伍德的問答邏輯，而是根據自己的立場並以蘇格拉底的對話辯證法爲參照，對之進行了批判性的改造，最終使二者相互適應、彼此相容，從而成爲哲學詮釋學所需要的那種「問答邏輯」。高達瑪對這位英國新黑格爾主義者的有

關批判主要集中於兩個方面：

　　首先，他指出科林伍德將問答邏輯應用於詮釋學理論的做法，有意義含糊不清之處。這主要是針對後者的「重演論」（wirkung-sgeschichte／re-enactment）。我們知道，「重演」是科林伍德思想中的一個重要概念，其地位類似「體驗」（erlebnis）這個概念在狄爾泰思想中的地位。科林伍德的歷史觀念的出發點是：「一切歷史都是思想史」，因此歷史中就不存在什麼「事件」了。所謂「事件」的東西實際上是行動，它表現了行動者的某個思想，如意圖、動機、目的等等，思想賦予行動以歷史的意義，因此歷史學家的任務就是識別這個思想。換句話說，「歷史知識就是歷史學家正在研究著的那些思想，在他自己心靈裏的重演」❽。這種重演被視爲歷史理解的具體運作方式，無重演則無理解。

　　不難見出，科林伍德在歷史解釋方面，實際上奉行的是一條施萊爾馬赫的路線，「重演」對他來說著重指重構那些歷史人物的思想。高

達瑪反駁道，以文字形式流傳下來的東西的意義，並不等於它原作者曾經想到的意義，正如歷史事件往往並不表現出與歷史人物的主觀思想有什麼一致一樣，文本的意義一般也遠遠超出它的原作者曾經具有的意圖。

可見，高達瑪與科林伍德的解釋旨趣是大不相同的，前者看重的是文本自身的意義，後者看重的是作者或歷史人物的思想意圖。高達瑪對科林伍德「重演論」的批評，實際上是對古典詮釋學批評的繼續。因為雖然施萊爾馬赫（還有狄爾泰）著重於書寫文本的解釋，而科林伍德偏重於歷史行為的解釋，但是二者都追求重現在文本或行為背後的精神狀態或思想過程。

其次，對科林伍德主張理解和解釋是重構文本所回答的問題這一說法，高達瑪也持不同的態度，他認為這種觀點顛倒了問題與回答的關係。其實當文本與讀者處於理解的關係時，一開始出現的是文本向理解者提出問題，它會使讀者處於開放的精神狀態下，並做出某種反

映。同時，為了回答文本向理解者提出的問題，理解者自己也必須提出問題，它們是相互緣起的。透過這種提問，理解者尋求文本向他所提出問題的回答。這從一個特有的方面說明了領悟文本的意義，總是已經包含著當下的讀者與文本的歷史性聯繫。同時這還表明，一個被重構的問題絕不可能處於它原來的視域中，它還受到提問者內在視域的影響。這樣解釋過程的真正實現，不僅內含對被解釋的對象——「你」的理解，而且還包括解釋者的「自我」理解❾。對這種自我理解的強調是高達瑪不同於科林伍德的一個關鍵。高達瑪所說的「視域融合」包含這兩個方面。由此可見，高達瑪對問答邏輯的理解已偏離了科林伍德，二者的差異體現了兩種對立的歷史觀。科林伍德的「重演」論與施萊爾馬赫的「重構」說有著內在的一致性，因此，高達瑪對歷史客觀主義的否定同樣也是針對著科林伍德的。

　　總之，高達瑪超越了科林伍德的問答邏輯，他揭示了理解和相互理解的對話結構。文

本雖是用文字書寫下來的，但這並不影響它的
問題情境，問答辯證法只在試圖理解文本並能
向文本發問的人那裏發生。高達瑪透過提出
「問答邏輯」，極大地深化了詮釋學哲學的理論
基礎。它表明，高達瑪的哲學詮釋學是有著深
刻的邏輯基礎，這種邏輯不是一般意義上的邏
輯，它是對柏拉圖和科林伍德有關思想批判性
的整合與昇華，並表明理解和解釋始終受制於
問答辯證法。高達瑪詮釋學辯證法和問答邏輯
的關係，類似黑格爾的思辨辯證法和辯證邏輯
的關係，但比後者更基礎、更本源。然而早先
無論是施萊爾馬赫，還是狄爾泰，亦或海德格
都未曾深入到詮釋學的邏輯這一層面，此乃高
達瑪又一獨特的學術貢獻。

三、哲學詮釋學的歸宿：對話本體論

　　詮釋學與人文科學密切相關，它牽涉人與人之間的相互理解和溝通，而理解和溝通離不開語言，因此，對於語言問題的重視是詮釋學一貫的傳統也就不足為奇了。

　　施萊爾馬赫和狄爾泰對語言的把握主要立足於認識論、方法論的層次，認為語言不過是觀念成為現實的途徑，因此，文本的語言無非是代表隱藏在文本背後觀念的密碼，破解了它，就可獲取作者的意圖、心理、個性、世界觀等方面的資訊。由於語言的多義性造成了對文本的誤解，因此，他們認為詮釋學就是要透過語法的解釋和心理的解釋去消除誤解。到了海德格那裏情形發生了根本性的變化，特別是在他的後期確立了存在和此在新的關係之後，

愈來愈發現它們共同的交會點是語言，語言乃
一切關係中的關係，它意味著整個世界只是透
過語言來與我們照面。後期海德格思想的一個
重要特點就是強調語言優越於人的主體性，語
言使人成其為人，它把我們帶入到一個「世
界」。這樣，語言論和存在論在他那裏完全融
為一體，這一思路在高達瑪的詮釋學中，得到
了徹底的貫徹和落實，並具有自己的獨創性和
理論深度，這主要表現在確立對話本體論，進
一步拓展詮釋學的普遍性方面。

（一）語言與世界

　　在海德格思想的基礎上，高達瑪進一步拓
展了語言本體論的視域。他將語言問題作為整
個哲學思考的中心，也作為自己詮釋學關注的
焦點，因為對意義的經驗是語言性的，一切理
解和解釋都必須透過語言發生。

　　高達瑪對於詮釋學經驗現象的分析，最終
引向關於語言與世界關係的討論。在他那裏，
人同世界的關係最終被表現為一種語言關係。

語言作爲一個意向性的活動，它帶來一個「世
界」，一個「有意義的」世界，而世界在本質
上具有語言性，我們的整個世界經驗，尤其是
詮釋學經驗都離不開語言。

　　理解對說話能力和習慣的依賴帶有強制
性。語言包容著一切，「人的全部世界經驗都
體現於語言裏」❿。從歷史的發展看，我們總
是早已處於語言之中，正如我們總是早已居於
世界之中一樣。語言是我們進入世界的前提，
它總先於我們而存在，正如世界先於我們存在
一樣。語言反映著世界，正如萊布尼茲的「單
子」反映著世界一樣。馮·洪堡說得好，一種
語言乃是一種文化的鏡子，「一種語言觀也就
是一種世界觀」⓫。

　　從總的方面看，哲學詮釋學有一個向「語
言」傾斜的趨勢，這明顯表現在《眞理與方法》
從第一部分藝術經驗的理解、第二部分精神科
學的理解，過渡到第三部分語言的理解，是順
理成章的，其中介爲第二部分最後一節的「問
答邏輯」，即問答辯證法。這種安排剛好說明

了整個哲學詮釋學的歸途是語言，實際上高達瑪最終所要建立的是一種「對話本體論」（dialogical ontology）。

雖然在《真理與方法》第三部分中，高達瑪直接將語言看成是世界的經驗，並認為語言形成人類經驗的視域，這樣他將關於詮釋學經驗的分析，由審美領域和歷史領域擴展到語言領域，從而揭示了人類的世界關係是語言性的，並因而是可理解的思想，但是這裏必須強調一點：高達瑪在《真理與方法》中為了指出方法的局限性是以藝術經驗和歷史經驗為突破口，然後進入到語言經驗，但這絕不意味著語言在他那裏，只是藝術和歷史之後出現的第三個理解領域，相反，它是關於意義的任何經驗顯現的媒介。因為一切理解都包括某種程度的語言性，因而都在語言中發生，並透過語言來實現，儘管書寫文本是詮釋學最主要、最優越的對象（因為一切文化傳統主要是以文字性的經典或文獻流傳下來的）。

由於哲學詮釋學的歸宿是語言，因此，它

最終成爲一種語言哲學，它是在海德格後期語
言哲學的基礎上發展起來的，而且與維根斯坦
後期語言哲學不期而遇，不少地方不謀而合。
呂格爾評價道，語言哲學標誌著高達瑪研究的
最高成就⑫。他將語言置於突出的地位，這和
上世紀西方哲學的語言轉向是一致的，而且也
與海德格通向語言的普遍性意向是一致的，它
同時伴隨著現象學的轉向，即一種從工具論的
語言觀向更本源的存在論語言觀轉向，而且這
種轉向也和一種古老的辯證法傳統結合起來
了。

　　在高達瑪看來，詮釋學和辯證法是有著內
在聯繫的，這種聯繫和對話分不開。因爲辯證
法的本意是引導對話的藝術，而對話的目的是
達到相互理解，因此，引導對話的藝術也就成
了達到理解的藝術，確切地講，是達到相互理
解的藝術⑬。

　　高達瑪明確地將語言的本質介定爲對話，
並將其引入理解之中不是沒有歷史淵源的。其
實，從施萊爾馬赫開始就有一種將詮釋學建立

在對話基礎上的要求，但只有高達瑪才眞正確
立起了一種對話的本體論。對於他來講，理解
一個文本意味著進入到一種對話：詮釋學循環
形成於這種對話之中，詮釋學經驗是一種對話
性的語言經驗，詮釋學的我—你關係則是理解
性對話的前提，因此，哲學詮釋學最終的落腳
點是對話就成了理所當然的事了。

（二）對話辯證法與語言現象學

　　高達瑪從對話中來把握語言原始現象，首
先是基於一種現象學的立場。他對語言的這種
理解是從語言事件的經驗出發，而不是從某種
現成的理論出發。同時，高達瑪透過對話來把
握言語的原始現象，又是和把辯證法重新導向
詮釋學的傾向並駕齊驅。他所走的不是海德格
受荷爾德林的啓示奔向詩的那個方向，而是相
反，要返回到柏拉圖的開放辯證法。德國學者
G. 舒爾茨說得好，「就概念來講，高達瑪詮
釋學銜接的是海德格的早期思想，但就內容來
看，他更多地承繼和追蹤的是海德格晚期的哲

學探索」⓮。

　　對於高達瑪來講，語言總是我們和別人一
起說和對別人說的語言，只要思想者進入言語
之中，與其他思想者對話，就能確立海德格所
追求的那種「思」的語言。這種想法最終引導
他從語言角度，將視域投向本源辯證法的創造
性方面，並把辯證法從一種思辨方法向活的對
話方面加以發展，以嶄露語言內在表達的無限
可能性，而這種發展恰恰是透過「回憶」實現
的，因為活的對話就是柏拉圖認為思想活動得
以進行和完成的地方。

　　當然柏拉圖思想具有兩面性：一個是形而
上學的開端：概念辯證法（通種論）；一個是
與後形而上學「思」相一致的開端：對話辯證
法。高達瑪看重的是第二個方面。不過他淡化
了對話「藝術」的方法論意義，突出的是其本
體論的意義，並強調這種辯證法不只是否定性
的，它同時包含有積極肯定的結果，而且在動
態的對話結構中，不斷地表現出一種完全與黑
格爾不同的非教條式辯證法，它同語言的現象

學相通。

眾所周知，辯證法本身具有語言學的起源，而海德格亦將現象學與語言從詞源上直接聯繫起來了。如前所述，他對「現象學」這個概念作過詳盡的詞源學探討❶：首先德文"phaenomenologie"被分析成"phaenomen"和"logos"兩個組成部分，然後他將這兩個來自古希臘語的名詞還原到它的動詞形式，"phanomen"的被動分詞是"phainomena"，後者可看作是前者的來源，其希臘文本義是自己讓人看見，顯示自己，讓自己見到天日、照亮等意思；而logos是言語、談話的意思，也有自己顯示自己本身的含義。如果說，眞理即去蔽，讓去蔽就是「顯現」（offenbarmachen），這也就是「講話」的本義（因爲說即顯現），那麼存在與話語之間就有一種原始的聯繫。存在的眞理在人們的對話中發生、湧現，在者的去蔽就在陳述的揭露中實現。筆者認爲，這實際上已隱含著存在論現象學與對話辯證法相一致的思想。從這裏我們也可以看到日後在高達

瑪那裏與存在論現象學交織在一起的詮釋學辯
證法的端倪。

　　然而，海德格並沒有拓展這個方面，他不
大關心語言在人際交往與溝通方面的社會實踐
作用，而更看重的是語言對於存在本身的意
義。和海德格不同，高達瑪則更關注語言在生
活世界中的起源和本性。雖然邏各斯最本源的
含義在他們看來都不是「理性」，而是「說
話」，但高達瑪的說話不是「獨白」，而是「對
話」。

　　與馮·洪堡一樣，高達瑪認為，對話是一
種帶有創造性言語活動的過程，其中包含「言
說」與「傾聽」這兩個對立面及其相互轉化。
對於高達瑪來講，詮釋學經驗的語言性即對話
性，把握理解的語言性之關鍵在對話的結構
中。雖然文字性文本是詮釋學最優越的對象，
但在高達瑪看來，文字是說話的異化，書寫根
源於言說，因此，在理解和解釋中，必須將文
字還原到說話，從這個意義上講，詮釋學的任
務就是「啟動」書寫。書寫可以透過詮釋學意

義的對話而被喚醒進入到口頭語，並且也只有在閱讀中，書寫才能成其爲書寫。

由此可見，在高達瑪那裏，言說比文字、比書寫更本源、更重要。所以，他更重視的語言是說話，意義是在「說」話中嶄露出來的，並將對話的因素引進由海德格開創的本體論詮釋學，他也因此被德希達指責爲「邏各斯中心主義」、「語音中心主義」、「在場的形而上學」。與之相反，德希達更強調書寫，而書寫在他那裏不過是意義的「蹤跡」（trace）。但高達瑪反駁道，哲學詮釋學對對話的強調，絕不是「在場的形而上學」，它作爲理解的方式所尋求的是包含差異的同一，是差別不斷交換的過程，而不是靜止、主觀的形而上學，它具有非常靈活的特徵。當然他儘管堅持差別觀，但始終不放棄同一觀，他甚至認爲同一優於差別，在場優於不在場，聲音優於書寫，這些是他和德希達的重要區別。

對話被高達瑪視爲一種接近文本的模式，它既是共時的，又是歷時的。前面講過，詮釋

學意義上的對話，和一個人與另一個人面對面
的交談是有所不同的，因為流傳物不具有感覺
的直接性，它是語言，是對被固定下來有待理
解之東西的表達，這意味著在詮釋學意義上的
交談中，作為一方文本的言說只能透過另一
方，即解釋者引發出來，而理解文本的「傾聽」
則透過解釋把文本的真理納入其自身的語言關
係中。一旦進入到理解狀態，對話的言語交流
使對話者雙方都發生了改變，或者說相互改變
了對方，各自的視域都得到了調整或修正，從
對話的終結處走出來的「自我」，將不再是原
來的「舊我」，而是一個「新我」，即一個較之
原來擴大了的自我。當然這個過程可以是無限
的：對話，融合，再對話，再融合，循環往
復，以至永遠，在這一過程中，它伴隨著意義
邏各斯的不斷呈現、深化、擴展，同時也伴隨
著理解者視域不斷轉換、更新、提升，這既是
作為個體的，又是作為種族之人類理解發展的
總的辯證規律。

　　在海德格和高達瑪那裏，語言始終是在本

體論現象學的層次上進行著。哲學詮釋學的主
要目標不是對事物的認識，而是事情的自我顯
現，並且理解要從這種自我顯現中得到解釋。

　　語言的揭示與眞理的去蔽是一致的。海德
格明確地將表示道說的最古老的詞語追溯到
「邏各斯」（logos），在他那裏，「言說意謂著
顯示、讓顯現、既澄明又遮蔽著把世界嶄露出
來」⓰。海德格的這些思想在高達瑪那裏被具
體發展爲眞理（意義）隨「對話」的進行而顯
現。如果說眞理是去蔽，那麼讓去蔽呈現出來
也就是顯現，就是講話的本義，「言說」即
「顯現」（saying is showing），在者的去蔽就是
在陳述的揭露中實現：向他人傳達有如呈現在
他人面前的東西。可見，對於海德格和高達瑪
來講，作爲顯現的「言說」本身就是一種現象
學的。因此，在他們那裏，本體論的現象學不
過是本體論的語言哲學，而本體論的語言哲學
無非是本體論的現象學。這就使得由胡塞爾開
創的現象學性質發生了根本性的變化：從意識
的層面眞正進入到語言的層面。

　　如前所述，高達瑪透過對問答辯證法的揭示，進一步使理解成了像對話那樣一種關係，而不是主觀意識的行為。在對話，完成之前我們絕不會知道對話的結果如何。高達瑪有一段非常精彩的話，充分揭示了這一點：

　　雖然我們說我們「進行」一場對話，但實際上越是一場真正的對話，它就越不是按對話者任何一方的意願而進行。因此，真正的對話絕不可能是那種我們意想進行的對話。一般說來，也許這樣講更正確些，即我們陷入了一場對話，甚至可以說，我們捲入了一場對話。在對話中某個詞如何引出其他的詞，對話如何發生其轉變，如何繼續進行，如何得出結論等等，雖然都可以有某種進行的方式，但在這種進行過程中，對話的參加者與其說是對話的引導者，不如說是對話的被引導者。誰都不可能事先知道在對話中會「產生出」什麼結果。……對話具有其自己的精神，並且在

對話中所運用的語言也在自身中具有其自己的真理，這也就是說，語言能讓某些東西「顯露出來」（entbirgen）和湧現出來，並使它們繼續存在⑰。

這種說法同黑格爾對辯證法的理解何其相似乃爾！在黑格爾看來，柏拉圖所展示的整個對話的過程，很好地表現了一個辯證進展的過程，在這裏，任何武斷任性被排除了。「對話的發展僅只是題材內容的發展」⑱。它給予我們的重要啓示在於言語活動本身就是一種辯證的創造性活動。在這種活動中獲得理解的先決條件是：對談雙方必須具有想要理解對方的誠意和願望，即所謂「善良意志」（good-will），按照柏拉圖的理解，善良意志是對話辯證法的前提⑲，沒有這個前提對話辯證法的客觀性是無法得到保證。

以柏拉圖的對話為例，他筆下的蘇格拉底喜歡同人交談，這些人往往並不固執己見，而是跟從蘇格拉底提問所引導的思想發展方向，

避免阻礙事物本身的進程。辯證法在這裏，只
是一種透過不斷的提問，去發現支配某人意見
的不恰當藝術，因此，具有解構或否定的作
用，但這種解構或否定同時又意味著一種澄
清，從這種意義上講它又包含著一種肯定，因
為它使談話者對事物的理解和正確的觀照，一
步步顯露出來。所以高達瑪說，「一切辯證法
的否定性包含著一種對真實東西的實際預示」
❿。在這裏我們也可以說，辯證法的否定與現
象學的還原並不完全相互排斥，而是能夠相互
通融的，它透過揭露矛盾將主觀造成遮蔽性的
東西去掉，讓事情本身逐漸顯露出來。從辯證
法是包含肯定的否定，或包含否定的肯定之基
本原則出發，我們可以得出這種結論：辯證法
實現的結果就是現象學的。

　　在希臘文中，「真理」（aletheia）一詞的
原義，是「去蔽」，也就是說真理是在「去蔽」
的過程中「現身」的。從遮蔽到無蔽的轉化是
透過辯證法的自否定實現的，或者說接近的，
這裏面包含有辯證法的原始意義和希臘人論辯

與對話的廣大經驗。而且在對話中辯證法和現
象學有可能融為一體，而並不像胡塞爾、海德
格所認為的那樣二者勢不兩立❷，「面向事情
本身」是現象學和辯證法都要堅持的原則，它
們共同構成了高達瑪對話本體論兩個重要的特
點。

註　釋

❶ 參見高達瑪，《哲學的學徒時期》，英文版，康橋，
　1985年，第178頁。

❷ 高達瑪，《理論的讚美》，英文版，耶魯大學出版社，
　1998年，第56頁。著重號為引者所加。

❸ 《高達瑪集》，嚴平編選，上海遠東出版社，1997年，
　第547頁。

❹ 參見高達瑪，《在現象學與辯證法之間──一種自我
　批判的嘗試》，載《高達瑪全集》，德文版，第2卷，圖
　賓根，1986年，第8頁。

❺ 高達瑪，《真理與方法》，德文版，第345頁；中文
　版，上卷，第466頁。

❻ 高達瑪，《真理與方法》，德文版，第345頁；中文
　版，上卷，第466頁。

❼ 參見科林伍德，《自傳》，英文版，牛津大學出版社，
　1939年，第30-31頁。

❽ 科林伍德，《自傳》，英文版，牛津大學出版社，1939
　年，第112頁。

❾ 參見高達瑪，《哲學詮釋學》，英文版，加利福亞大學
　出版社，1976年，第58頁。

❿ 高達瑪，《理論的讚美》，英文版，耶魯大學出版社，
　1998年，第116頁。

⓫ 轉引自P. A. 約翰森，《論高達瑪》，英文版，華茲華斯
　出版社，2000年，第48頁。

⑫參見呂格爾，《詮釋學與人文科學》，英文版，康橋大學出版社，1981年，第62頁。

⑬參見高達瑪，《理論的讚美》，英文版，耶魯大學出版社，1998年，第124頁。

⑭G. 舒爾茨，〈詮釋哲學〉，潘德榮譯，載《安徽師範大學學報》，1994年，第6期，第134頁。

⑮這本身就貫徹的是一種現象學的方法。

⑯海德格，《通往語言的途中》，德文版，普弗林恩，1993年，第214頁。

⑰高達瑪，《真理與方法》，德文版，第361頁；中文版，下卷，第489頁。

⑱黑格爾，《哲學史講演錄》，第2卷，賀麟、王太慶譯，商務書館，1983年，第166頁。

⑲參見高達瑪，《理論的讚美》，英文版，耶魯大學出版社，1998年，第124頁。

⑳高達瑪，《真理與方法》，德文版，第440頁；中文版，下卷，第593頁。

㉑例如海德格就說，使現象學與辯證法相融，「宛如想要使水和火相融」。引自海德格《本體論——事實詮釋學》，英文版，印第安那大學出版社，1999年，第33頁。

第七章
實踐詮釋學的歸宿

　　如前所述，高達瑪理論詮釋學最終通往的是語言哲學，並建立了一種對話本體論，這就為其後期的實踐哲學打下了基礎。晚年的高達瑪將「理解」擴大為「交往」，很自然地實現了詮釋學從理論向實踐的過渡與擴展。

　　不過，從總體上看，高達瑪的哲學詮釋學就可視為一種實踐哲學，它包含有強烈的倫理學和政治學的色彩，這種色彩貫穿於高達瑪的整個學術思想之中，這從他的第一個講座《論古希臘倫理學的概念和歷史》，及所發表的第一部著作《柏拉圖的辯證倫理學》中就表現出來了。他的《真理與方法》也有不少涉及實踐哲學的內容。進入到晚期，他更自覺地將詮釋學引向實踐哲學，並對此有更全面、更系統、更深刻的闡述。

一、高達瑪思想發展的實踐哲學傾向

　　縱觀西方詮釋學史，我們可以看到，在它的近代開拓者施萊爾馬赫那裏，就已涉及到詮釋學與實踐哲學（主要是倫理學）之間的關係。他將倫理學視爲詮釋學的基礎，詮釋學是倫理學的一個分支，與道德有關。他甚至認爲，「如果說，同情是一切理解的基礎，那麼最高的理解要求愛」，從這個意義上講，「理解必然是倫理學的最高形式」❶。高達瑪沿著這個方向作了進一步地推進，並取得了重要的成就。這裏我們首先從他的「心路歷程」著手作一點分析。

　　前面談到，高達瑪的學術發展大體經歷了三個階段：早期、中期和晚期。相應於這三個時期，可將他的思想分爲前詮釋學、理論詮釋

學和實踐詮釋學三個部分，它們在邏輯上具有
一貫性。從實踐哲學的角度上看，這三個階段
只有「跨越」沒有「斷裂」，甚至可以這樣
講，實踐哲學是高達瑪全部哲學的起點和歸
宿。如果說，他的中期構成其整個一生思想發
展的「核心」，那麼他的早期和晚期則構成這
一核心的「暈圈」，儘管暈圈部分不像核心部
分那樣集中、那樣清晰，但我們只有弄清了
「暈圈」，再結合「核心」才能眞正整體地把握
他詮釋學的實質和根本走向。

　　現在首先讓我們來看一看他的第一個階
段。這個時期大體上指二○年代早期至四○年
代早期，他一共花了十五年的時間集中於倫理
學和政治學的研究，主要從語文學的角度出
發，致力於闡釋希臘古典文獻，內容廣泛涉及
倫理、教育、詩學等方面，尤其是柏拉圖的政
治─倫理思想❷。這個階段的主要著作有《柏
拉圖對話中欲望的本質》（博士論文，1922
年）、《柏拉圖的辯證倫理學》（授課資格論
文，1931年）。此外，在一九四五年以前高達

瑪還陸續撰寫了一系列關於柏拉圖的研究論
文，後集結爲《對話與辯證法》，其中也有不
少地方與倫理學、政治學相關。

　　這裏非常値得一提的是他早期的重要著作
《柏拉圖的辯證倫理學》，該書共分爲兩大部
分：第一部分集中討論了柏拉圖的辯證法，以
及它和倫理學之間的關係；第二部分聯繫柏拉
圖最後一部對話《斐利布篇》中關於快樂和理
性的關係，並結合亞里士多德《尼各馬可倫理
學》中論「樂趣」的兩個章節，從現象學的角
度加以解釋和分析。

　　高達瑪在這部著作中明確提出，倫理和對
話不可分，它無固定的回答，因而不是教條式
的，不能透過「說教」（lechre）。同時他也看
到，蘇格拉底的辯證法具有肯定的功能，它導
致了對眞正共同東西的認同。這是一問題的兩
個方面。關於第一個方面，作者指出「辯證法
就是倫理學」，它包含這樣的意思：只有在對
話中我們才能過倫理的生活，在語言的表達領
域之外是沒有倫理原則可言的。關於第二個方

面與詮釋學有著直接的聯繫，《柏拉圖的辯證倫理學》最重要的主題之一就是探討「對話和我們走向共同理解的方式」，在他看來，「達到理解」（coming to understanding）也就是「達到共同理解」（coming to a shared understanding），理解的目的在於與對話的「他者」建立一個「共同的世界」（mitwelt）❸。這些觀點是其後來成熟時期詮釋學思想的萌芽，並與倫理學融爲一體。晚年，高達瑪曾這樣回憶道，「對辯證倫理學的關注一直保留在我後來的全部工作中」❹。而這種意義上的倫理學與傳統意義上的政治學是可以相通的。

　　一九四五年後，高達瑪積十多年之功，在一九六〇年出版了自己一生中最輝煌的著作《眞理與方法》，這標誌著他進入到自己思想發展的第二個階段：哲學詮釋學時期。這一時期他以文本爲中心來建立理解本體論，表面看來與實踐哲學沒什麼直接聯繫，其實不然，裏面有很多關於道德哲學的論述。首先，就整體上看，高達瑪在《眞理與方法》中所貫徹的海德

格「事實詮釋學」原則就同實踐哲學有關，而且他還直接談到了詮釋學的「應用」，並從一個側面向我們表明，他對理解本質的分析是建立在亞里士多德倫理學的基礎上❺；其次，在此階段他系統地將哲學詮釋學變成一種對話哲學或對話本體論，其中所突出的理解過程，就是透過對話達到共識（視域融合），以及對話所賴以存在的基礎和前提，而「我─你關係」等重要思想就包含有具體、深刻的倫理學內容，並成爲過渡到他晚期實踐哲學的樞紐。他明確地指出，「理解是道德知識行爲的一個變形」，甚至「也是道德判斷的一種方式」❻，他還強調一旦離開了「善良意志」，一旦解讀者與文本詮釋學的平等身分被打破，就不可能有眞正的理解和意義的顯現，理解的公正客觀性就要受到影響。可見，在這裏高達瑪已初步形成了在文本解釋的範圍內所必須遵守的基本倫理原則。

　　《眞理與方法》的出版標誌著哲學詮釋學的建構工作大體完成，在此以後除了從學理上

進一步補充和完善原有的思想外，高達瑪主要
把精力放在將哲學詮釋學的基本精神應用於社
會實踐領域，尤其是交往行動方面，而不再僅
僅局限於對文本的理解和解釋方面，從而步入
到他思想發展的第三個階段：實踐詮釋學階
段。這一階段具有代表性的著作有《理論的讚
美》、《科學時代的理性》、《柏拉圖—亞里士
多德哲學中善的理念》等，在這些論著裏，高
達瑪進一步突出了詮釋學的「應用」，並擴大
了它在《真理與方法》中的範圍，而且愈來愈
多地直接談到道德的理論與實踐以及它們同詮
釋學的關係。當然這也得力於二十世紀六○年
代末至七○年代初他同哈伯瑪斯之爭的推動，
後者促使他更自覺地關心整個社會生活，並去
實現詮釋學與實踐哲學的結合。這個時期，
「倫理學」、「政治學」以及與之相關的「修辭
學」、「理性」、「團結」、「一致」、「友誼」
等術語在他那裏使用頻率極高，可以說構成了
其實踐哲學的關鍵詞，他最終實現了從理解本
體論向價值倫理學的轉變。

　　縱觀高達瑪整個學術思想的發展，我們不
難看出，他的詮釋學有一種明顯的倫理學和政
治學的傾向，二者構成了其實踐哲學的核心，
它從一個重要的側面嶄露了詮釋學的普遍性。
高達瑪堅信：在實踐領域和理解領域存在著多
方面的聯繫，而這種聯繫的中介和橋樑就是他
的對話本體論。

　　不過，高達瑪的實踐哲學思想雖然在早
期、中期就已存在，但體現得最自覺、最充
分、最全面的還是他的晚期，因此，這個階段
應當是本章分析、研究的重點。

二、知識份子的憂慮及對科學
時代理性的重新確立

　　高達瑪晚期為什麼會自覺走向實踐哲學，
並且與倫理學、政治學的關係愈來愈密切，這
裏有著深刻的歷史和社會的原因和背景。首

先，從思想史上看，西方哲學家素有關注實踐
哲學的傳統，這一點，自從「倫理學之父」蘇
格拉底將哲學從天上拉回到地上以後，就可以
說是一直如此。西方大多數哲學家除了有第一
哲學外，幾乎都有自己的實踐哲學，他們往往
先建立起自己的第一哲學，然後以此為依託去
構造自己的實踐哲學，如柏拉圖、亞里士多
德、康德、黑格爾等都是如此，高達瑪也不例
外。他的哲學詮釋學與實踐哲學有著天然的聯
繫，「實踐」對他來講是一個價值範疇，他基
本上是在西方傳統的意義上，尤其是在古希臘
意義上來使用這一術語的，即主要指的是一種
道德、政治的實踐，而且這兩個方面在他那裏
是不可分的，這同柏拉圖、亞里士多德尤為接
近❼。

　　第二個原因，在筆者看來，是高達瑪走向
實踐哲學更為重要的原因，即：像許多有社會
責任感的知識份子一樣，當代人類生存處境的
惡化引起了高氏的憂慮不安。晚年他從詮釋學
的立場去關心和反省人類的命運、自由、善

惡、幸福等重大問題都與之有關。

　　我們知道，自十九世紀以來，工具理性發展的弊端，在西方發達工業社會日趨嚴重並影響到整個世界，科學時代關於進步的樂觀主義遭到了沈重的打擊，在哲學領域中這種打擊動搖了近代以來認識論的主導地位，從而推動了實踐哲學（尤其是倫理學）在西方的復興。

　　高達瑪後期實踐哲學的轉向同這一大背景是分不開的。他本人橫跨二十與二十一世紀，親身經歷過兩次世界大戰，對它們給人類帶來的巨大災難刻骨銘心。另外，當代的生態危機和技術發展的限度，使他愈來愈感到有在世界範圍內大力提倡團結的必要。高達瑪警告道，這同地球上每一個人的命運都有關係，「假如人類在一種或多種危機的過程中，以及在很多痛苦的歷史中，仍不懂得重新發現新團結的必要，那麼無情的、毀滅性的核戰爭就有可能發生。沒有人知道我們還會有多少時間」❽。而要消除這種危機則有賴於下面這個問題的解決：「人類的道德觀念和道德秩序，是否能擺

脫一切間距和相對性，而凝結成一個共同的倫理？」這需要求助於實踐哲學，而建立在詮釋學基礎上的實踐哲學，有可能為協調人類的各種不同見識並產生具有普遍有效性的道德價值觀做出貢獻，他期望藉此能幫助實踐哲學恢復往日的尊嚴：「不只是去認識善，而且還要共同創造善」❾。可以說，他的實踐哲學就是對人類生活的反思，這種反思以人的幸福、至善和完美為目標，並和理性的重建聯繫在一起。

　　高達瑪認為，我們所處的這個科學時代，比以往任何一個時代都更需要理性對人在生活實踐上的指導，但他強調必須批判地對待理性，並在這種批判中重新確立理性，這裏的理性主要不是科學理性而是實踐理性，他更喜歡用亞里士多德的術語「實踐智慧」（prudence / practical wisdom）。因為科技力量的增長，並不就意味著社會理性的增強，科學技術的發展並不能保證人類一定有理性，誠如海德格所說，科學並不「思」，依筆者之見，也就是不思「事實」的「意義」和「價值」。技術可以

是毫無人性的，當實踐完全墮落成爲技術，社
會也就會墮入非理性，因此，只有透過拯救實
踐理性才能保證社會理性，因爲只有與倫理學
相關的實踐理性才能決定人存在的意義、價值
和尊嚴，決定人類生活的眞理。從這個角度
看，實踐理性比科學理性更基本。胡塞爾後期
所提出的「生活世界」的思想，旨在喚起被人
們遺忘的本源眞理，即前科學的眞理，它是我
們首先必須面對的「事實」，是一切科學知識
的前提，也是一切價值和意義的源泉。高達瑪
對此評價甚高，並自覺從人的生活實踐出發去
確立人在社會理性的條件，這構成了他晚期思
想的一項重要內容。

　　在這種視域中，高達瑪重新解釋了古希臘
德爾斐神廟上那句著名的箴言：「認識你自
己。」在他看來，這句箴言旨在提醒我們：人
不是神，這即使在科學昌明的今天也是正確
的，那種以技術爲手段欲支配和控制一切的意
識，不過是一種幻想，「拯救自由的方式只能
是自我認識」❿，這種認識要求對人的自身限

度進行反思。不難看出，高達瑪這些思想仍貫徹的是其中期就已明確的反科學主義立場，它和海德格反技術主義的立場是一致的，所不同的是晚期的他沒有走向海德格神秘的「詩思」，而是走向以倫理學為核心的實踐哲學。

　　當然這裏必須指出，高達瑪並不反對科學理性本身，而是反對科學理性至上，要求科學「人道化」。他所關注的主要不是世界是什麼，而是世界應當是什麼，這涉及人與世界之間的一種價值關係。基於此，高達瑪晚期自覺地使解釋理論同生活實踐統一起來，並明確地將實踐理性看成是一切理性的根源，這構成了他整個實踐哲學思想的基點，從中我們多少看到了一點康德的影子。

　　另外，高達瑪在談到實踐理性時特別強調其社會性，他的實踐理性也就是社會理性。而社會理性的主要內容和追求的目標，對他來講，就是團結、一致和友誼，這三者不可分，它們構成了其實踐哲學最主要的部分。高達瑪指出，人無論好壞，都屬於一個整體，都要解

決自己在這個星球上的生存問題，因此，必須重新發現團結的意義和重要性，因爲團結是社會理性的基礎和根本，「人類共同的生活除了建立在緊密的團結所構成的基礎之外，不可能有其他基礎」⑪，離開了團結，社會將什麼也不是。正是從這個具有自明性的眞理出發，他晚年竭力主張思想寬容、民族和解和世界大同，這已隱含有一種政治理念在裏頭了。

三、從傳統中尋找理論資源

　　高達瑪的實踐哲學深深紮根於傳統的沃土之中，它的主要理論來源是柏拉圖、亞里士多德關於「善」的理念和黑格爾重「和解」的辯證法。第一個方面對高達瑪實踐哲學的影響具有關鍵性意義，它大體規定了高達瑪晚期致思的基本方向。

　　我們知道，高達瑪自喻爲柏拉圖終生的學

生，尤其看重後者對「善」的理解：它是人類
至高無上的目標，也是一切知識的最高對象。
柏拉圖以「日喻」來形容之，並說，「希求美
好的東西即是希求善」❷，有理性的生活也就
是有德性的生活，它既代表著最高的善，同時
也意味著真正的幸福。善的知識是透過對話達
到的，柏拉圖的倫理學和政治學思想都涉及到
善，而且兩者密不可分。

　　另外，柏拉圖關於理念等級的劃分也很有
意思，代表科學的數理理念處在第三級，其後
還有比它更高級的倫理和審美理念，最高級的
則是善的理念，這種排列順序隱含有我們今天
所說的價值理性高於科學理性的思想萌芽。

　　上述柏拉圖的思想為高達瑪全盤繼承，並
推動著他從對理解本身的探討轉向對理解的最
高目標——善的探討。不過，相比較而言，被
高達瑪視為西方倫理學、政治學真正創始人的
亞里士多德對他的影響更大、更具體。

　　亞里士多德進一步明確了「實踐哲學以一
種固定的、包羅萬象的倫理形態為前提」❸，

因此，對他來講，倫理學就是實踐哲學。他強調人的生活受理性指導，而不是受本能支配。在人那裏知德和行德作爲美德都統一於善。他批評柏拉圖善的理念具有一種空洞的抽象性，而他自己要從人的現實倫理生活出發去把握善的理念。

　　善或美德的實現與亞里士多德提出的「實踐智慧」分不開。這裏的「實踐智慧」指人在現實生活中抉擇善的一種能力。亞里士多德將其與古希臘四大美德之一的 "phronesis"，即 "prudence／practical wisdom"（「明智」）聯繫起來，這種明智與善、有益相關，它不只是針對生活的部分，而是針對生活的整體，因此它的含義實際上就是實踐理性或實踐智慧，這一點柏拉圖未曾講到，而在高達瑪看來十分重要。實踐理性既是一種美德，同時也與所有其他的美德相關。亞里士多德給美德下的一個總的定義是：美德即中道，而中道並沒有明晰的具體規定，判別什麼是中道，要靠實踐理性，它是道德之基礎。因此，人只有具備了實踐理

性這一美德，才有可能具備其他美德。

　　另外，亞里士多德所理解的實踐理性既不是科學，也不是技術，而是一種生活的智慧，它與科學理性相對。這一點對高達瑪影響至深，在《真理與方法》中他就談到了亞里士多德「實踐智慧」（phronesis），不過在那裏，他主要是從反方法主義的立場出發，為區分藝術作品、歷史文本的真理與科學的真理而提到這一術語的，但到了後期他愈來愈突出實踐理性本身的意義，他結合當代現況的分析和批判，闡述了實踐是社會理性的條件，以及實踐哲學的理想：完美的人生、善和幸福，而所有這些都構成了高達瑪晚年思想的核心。

　　美德和善並非與生俱來或從天而降，它是在人與人的共同交往中逐漸形成的。在亞里士多德那裏，實踐哲學的主要內容是倫理學與政治學❷。由於古代倫理學總是在政治社會的框架中觀察個人及其行為，因此「古代倫理學就是政治倫理學」❸。這在亞里士多德那裏最為典型，他雖然與柏拉圖不同，開始區別個人的

正義和國家的正義，即倫理和政治問題，但這種區別只是相對的，它們在亞里士多德那裏具有交叉關係。儘管他說，倫理學是政治學的分支，但這與其說是貶低它，毋寧說是抬高它，因爲希臘文中 "politikos" 和我們今天所講的 "political" 在意義上是有差別的，它除了有「政治的」含義之外，還有「社會的」含義。W. D. 羅斯說得好，亞里士多德的倫理學是社會的，而他的政治學是倫理的❶。我們應該從這個角度來理解他的倫理學和政治學的關係，同時這對於領悟高達瑪本人的實踐哲學也是非常重要的，因爲後者有關的看法與前者一致。

　　亞里士多德的倫理研究大體集中於兩個方面：「個人倫理」和「城邦倫理」（國家倫理）。前者主要體現於他的倫理學中，後者主要體現於他的政治學中。亞里士多德和柏拉圖一樣並不把倫理觀局限於個人，而是把它擴大並運用於整個國家和社會生活中，因此，他的政治學包含有國家倫理學。我們甚至不妨說，在他那裏，倫理學是縮小了的政治學，政治學

是擴大了的倫理學，它們都以探討人類幸福的本質，以及如何提高人類的幸福爲主題。《尼各馬可倫理學》和《政治學》開頭的第一段話十分類似絕不是偶然的，僅從這裏我們就可以明顯地看到它們之間的內在聯繫。

由於實踐意味著一種社會的生活方式，它在古希臘人那裏主要表現爲一種「城邦」（polis）的政治生活，因此，亞里士多德所理解的善和城邦共同體是分不開的。他說，「任何城邦都是某種共同體，而一切共同體都是爲了達到某種善而建立起來的」❼。那麼它們的基礎是什麼呢？答曰：「公正」和「友誼」，此二德屬於亞里士多德政治倫理學的主要內容，在《尼各馬可倫理學》中，佔去巨大篇幅（整整三卷：五、八、九），並且相互聯繫。

這裏特別值得一提的是「友誼」。在亞里士多德之前，蘇格拉底和柏拉圖就已意識到友誼對城邦（國家）的重要性，而亞里士多德則更關注這個問題。他認爲，應當意識到人的生活是一種共同的生活，如果統治者能使普遍的

友愛或友誼得以實現，則城邦就會穩固，因為它能加強團結和秩序，化解仇恨和積怨，使人幸福安寧⓮。

這裏亞里士多德所講的「友誼」（philia）是廣義的。在希臘傳統中，該詞的意義非常寬泛，它包括人們共同生活的各種形式，如商業關係、戰爭中的協作配合、家庭婚姻生活、社會團體、政治黨派等等，總之，它與人類共同體的全部生活有關⓯，而不只是我們現在一般所理解的僅是朋友之間的感情，它甚至還可泛指自然界中的相聚與合一。在亞里士多德那裏，友誼是德性的一項重要內容，並且直接關係到善與人的幸福。

從高達瑪後期思想中我們不難看出，他批判地繼承了柏拉圖尤其是亞里士多德的實踐哲學，這種實踐哲學的核心就是倫理學，並通向政治學，其基礎為實踐理性，它所要解決的涉及人類生活中「善」這個包羅萬象的根本問題。

高達瑪的實踐哲學的另一個理論來源是黑

格爾。他曾在《科學時代的理性》中，高度讚
揚黑格爾現象學所揭示的相互「承認」的辯證
法，認為這是黑格爾最偉大的功績之一。從這
種辯證法出發，每一種愛和友誼所體現出來的
真實共同性都有可能從概念上清楚地表述出
來，它是對主觀精神和個人意識的克服與超
越。因此，高達瑪認為「和解的奧妙是黑格爾
辯證法的秘密」❷。雖然亞里士多德在倫理學
中談正義時就隱含有承認他人權利的思想，但
只有黑格爾從哲學的層面上對這個問題作了深
刻地闡述。

　　儘管黑格爾的闡述是思辨性的，但他敏銳
地猜測到了，人只有既承認自己的獨立自由也
承認別人的獨立自由，才能獲得真正的自由，
深刻地看到了人類的意識和歷史，是朝著相互
承認對方的獨立自由之方向發展，這一點已為
當代世界發展的趨勢所證實。高達瑪後期愈來
愈將團結、一致、友誼看成是社會理性的主要
內容，從某個方面也可以說是對黑格爾這種
「承認的辯證法」的應用和發揮，進而使哲學

詮釋學的精神得到了空前的昇華。它隱含有當今作爲處理民族與民族、國家與國家、文化與文化、人類與自然之間相互關係的最高準則——「尊重」，這是一個在今天應引起高度重視的基本倫理範疇。

　　當以上所分析的兩大理論淵源與胡塞爾的「生活世界」、海德格的「事實詮釋學」思想在高達瑪那裏結合在一起的時候，便具有了一種新的時代氣息。在此基礎上，高達瑪發展出了自己富有特色的實踐哲學——對話倫理學和對話政治學。

四、走向一種語言的「烏托邦」

　　高達瑪透過融合古希臘傳統和黑格爾的辯證法所闡發的實踐哲學將人類團結的可能性融進語言的本性中，從而使理解擴大爲交往，進一步突出了詮釋學的普遍性。必須指出的是，

他的對話倫理學和對話政治學既包含著一種對現實世界的批判，又隱含著一種關於未來世界的理想和憧憬，這就是：從理性出發，透過對話建立一個團結、一致、充滿友誼的人類共同體。他希望全世界都朝這個方向努力，因為這最終將引導我們走向光明燦爛的未來──世界大同❹。不難看出，高達瑪的這一構想是用柏拉圖、亞里士多德以善為目標的「城邦共同體」為參照的。高達瑪說，「烏托邦是由這樣的事實確定的：它來自於遙遠過去的一種暗示的形式」、「它本質上是對現實的批判」❷。不過同他的前輩相比，高達瑪的氣度更加宏遠。

　　我們知道，在古希臘，所謂倫理，包括柏拉圖和亞里士多德的論述，主要針對的是城邦內部，在外部，即在城邦與城邦（或國家與國家）之間的交往中則不受此約束，「強者能夠做他們有權力做的一切，弱者只能接受他們必須接受的一切」❷，乃是當時人們在處理城邦（國家）之間關係上的一種普遍信念，國家間只有勢均力敵才可言正義。而高達瑪則要求把

倫理精神擴展到整個世界，具體來說，它不僅針對個體與個體的交往和個體與國家的關係，而且針對全人類。這種倫理學實際上也就是一種政治學了。

這就不難理解爲什麼高達瑪十分看重「友誼」在古希臘，尤其是亞里士多德倫理學中所具有的決定性地位。他在最初的教學生涯中就講授過「友誼在古希臘倫理學中的作用」（1929年），並指出了它與近現代友誼觀念的區別。在近現代，人們一般很難將道德與「友誼」聯繫起來，如它在康德的道德哲學中僅佔一頁的篇幅，而高達瑪則繼承古代的用法，堅持認爲，友誼是一種善，甚至是人類生活中最高的德行之一。友誼這種善是一種可分享的善，它不僅僅指財產、享樂、同情和傾向的相互性，而且指「包含著在各個不同的方面所表現出來的休戚相關」，它「建立在團結意義的基礎上」❷④。不過，高達瑪對「友誼」的理解又超出了古希臘人的「實踐」所指的整個範圍，並將其看成屬於實踐哲學「本質上優先性的東西」

❷，它實際上是一種「博愛」，這種博愛是和前面提到的「承認」或「尊重」分不開的。可以說「博愛」和「承認」（尊重）的觀點是高達瑪實踐哲學的前提，它們含有寬容的思想❷，後來哈伯瑪斯將其發展爲眞實性、正確性、眞誠性的交往原則。

友誼的實現離不開對話。一九六五年高達瑪專門寫過一篇關於未來的計畫。他從其具有倫理意味的對話哲學出發，認爲透過對話達成一致、達成團結，這是世界未來的發展方向。爲了使世界秩序統一，不同的人和不同的國家都要彼此妥協、求同存異、和平共處，因爲如果關於世界秩序的意見不統一，就不可能有世界的秩序，而政治上的無序只會給人類帶來災難性的後果，因此，透過對話保持寬容、開放的態度是絕對必要的。

如此看來，高達瑪的實踐哲學可歸結爲一種對話倫理學，它同時具有政治學的內涵。對話是人類共同體的對話，沒有倫理、沒有善良意志，就不可能有眞正意義上的相互理解和溝

通。顯而易見，高達瑪是想透過在倫理學、政
治學中融入一種對話的精神，來發展人類的交
往理性。

　　關於語言的倫理學意義在高達瑪早期思想
中雖有流露，但範圍還比較狹窄，中期所談的
對話主要限於文本的理解和解釋，到了後期，
其倫理意義才擴大到整個社會生活的各個領
域，它旨在透過語言交往來達到人類的至善，
這就進一步加強了語言和倫理、政治，語言和
實踐哲學的聯繫。

　　眾所周知，亞里士多德給人下過兩個著名
的定義，其一為：人是理性的動物；其二為：
人是政治的動物。後者中「政治的」也就是
「社會的」、「道德的」❷，它所突出的是人的
實踐理性、社會理性，所以，人最終還是理性
的動物。高達瑪將其改寫為：人是語言的動
物。乍看起來它與亞里士多德的定義差別很
大，但不是不可通融的：人只有在對話中才能
實現真正的理性，並最終導致團結、一致（共
識）和友誼。從這一點上看，高達瑪所倡導的

實踐理性、社會理性，實際上也就是一種對話理性。

　　基於此，高達瑪所理想的人類未來社會是一個「對話」共同體，而不是一個「獨白」共同體，它類似孔子所說的「和而不同」，而非「同而不和」。「獨白」固然透過強制可以造成表面一致的「同」，但這不是「和」，只有透過對話，求同存異才能產生「和」，而且這樣形成的人類共同體，才會真正充滿活力和生機。

　　然而，由於高達瑪將人與人之間的關係，僅僅抽象為對話和交往的關係，因此他關於未來社會的理想多少帶有空幻的性質，他的對話共同體乃是一種語言烏托邦。儘管他說這種「真正的團結、真正的共同體應該實現」❷⓼，但此處的「應該」，似乎令人感到不過是一種康德意義上，顯得十分蒼白無力的表述。如果它的基礎和一些中間環節得不到合理的解決，那麼它對於我們將永遠停留在彼岸。但正如形而上學作為人類的天性，在歷史上從來都不只是具有消極的意義一樣，「烏托邦」在作為超

越的存在——人那裏亦是如此，正是在這個意
義上，我們有保留地肯定高達瑪關於對話共同
體的設想。我們所要做的工作是如何進一步完
善和充實它，使之眞正有可能在地上實現。

五、徹底實現詮釋學的普遍性

　　從上所述，我們可以看到，高達瑪詮釋學
的發展，始終內含西方實踐哲學的偉大傳統，
尤其是其晚期，他的實踐哲學是以倫理學爲核
心建構起來的，並直接通向政治學。西方實踐
哲學由於他理解本體論的滲透而被注入了新的
內容和意義。與康德思想之歸宿相類似，高達
瑪的實踐哲學具有一種強烈的世界和平主義傾
向，所不同的是，他主張的途徑是對話。透過
理解性的對話，達到「共識」、「視域融合」
等概念並接近「團結」（solidarity）的意義，
而團結又是構成對話的基礎。可見，「團結」

和「對話」互為條件，它們最終實現的是一種
社會理性和社會正義的目標。

　　我們知道，對高達瑪影響很大的柏拉圖最
高的理念「善」，理應擴展於整個世界，但柏
拉圖在實際的把握中卻過於窄化，他所討論的
政治倫理學主要局限於國家（城邦）內部，而
忽略國家與國家之間的道德關係，其實，整個
古希臘主流倫理學都是如此。亞里士多德雖然
涉及到了國際公正與道德的一致性問題，但畢
竟未能充分展開，而且還有自相矛盾之處。忽
視國際關係與道德之間的內在聯繫，似乎也是
近現代倫理學普遍存在著的一個問題，在國內
實行公民本位，在國際實行強權本位的雙重標
準，在今天的世界上仍屢見不鮮，似乎前者可
言道德，後者無道德可言。而高達瑪與之不
同，他要求自己的對話倫理學具有普遍的國際
意義，他明確表示，「我……贊成並支持那些
讓全人類都能相互理解和自由的政府、政治
家」❷，因此，他很重視對亞里士多德「友誼」
這個概念的闡發，而且認為它和團結是分不開

的，其倫理意義不僅體現於公民之間、公民與
國家之間，而且也體現於國家與國家之間，這
在全球化發展的今天具有愈來愈重要的現實意
義。

此外，這種對話倫理學還應運用到人與自
然的關係上。根據高達瑪的詮釋學，在理解性
的對話中，雙方所反映的不是一種主客關係
（即「我—它關係」），而是一種主主關係（即
「我—你關係」）。這種關係包含著一種深刻的
倫理原則，它既可以擴大到人際之間，也應擴
大到天人之間。自然是人的另一個「我」，即
「你」，它也應當構成我們的一個「對話」的
「夥伴」。人同自然的關係，一如海德格所表達
的那樣，不是一種主客關係，更不是一種主奴
關係；而是一種「鄰居」關係、一種「照看」
與「被照看」的關係，孔子講「里仁為美」。
今天的生態倫理學、環境倫理學都可從這一角
度去理解。

美國著名學者R. R. 蘇利文因高達瑪早期
著作強調政治、倫理的道路，而稱之為一種

「政治詮釋學」，其實依筆者之見，高氏的晚期更適合這一稱呼，因為他繼承了亞里士多德的實踐哲學，進一步肯定了進入生活就是進入「政治實踐」的思想❸。不過要強調的是，此處的「政治」和「道德」分不開。對於他來講，實踐哲學的理想是一種完美的人生，即眞、善、美的統一境界，這既是柏拉圖、亞里士多德的理想，也是高達瑪所要追求的理想，這樣，倫理學和政治學在他那裏也就是一致的，高達瑪最終走向的是一種政治倫理學。

今天，和平與發展已成為全球兩大主題，「對話」和「交流」日益成為人與人、人與世界之間進行溝通、重歸於和諧的關鍵，「整個人類的團結，全部社會的穩定，都以此為前提」❹，並日益成為人類生存的基本方式，應當說在這方面高達瑪詮釋學爲之作出了重要貢獻，他的對話倫理學和哈伯瑪斯的交談倫理學，或交往倫理學有不少共通之處，後者的交往理性就來自於前者的「雙向理解」的論點。他們都把從對話出發，重建「交往共同體」看

成是拯救人類生存危機、化解國際爭端、消除
文明衝突的重要途徑。

　　當然高達瑪的實踐哲學求同性傾向特別
重，這在一個充滿交往異化的社會中，似乎有
點一廂情願，甚至天方夜譚的味道，因爲他對
交往中「虛假的一致性」缺乏認眞考慮。我們
怎樣才能保證人的對話所體現的是「善良意志」
（good will）而不是「權力意志」（will to
power）呢？這是一個問題。當代西方許多思
想家都揭露了交往中的扭曲、話語中的權力因
素，如果無視這些因素的影響，所謂平等的對
話，視域融合只能是紙上談兵。因此，他們大
力提倡恢復一種反思的啓蒙精神，而不是與傳
統和現實進行無批判的妥協。法蘭克福學派就
是其中的典型，他們堅持啓蒙主義的基本原則
和立場，認爲資本主義的意識形態，所強調的
共同性是靠赤裸裸的權力建立起來，它所體現
的是一種扭曲交往，因此，應當重提理性的批
判和反思，並藉助精神分析學說，以營造一種
無壓制的對話氛圍，從而實現眞正的交往，在

這種交往中，去達到一種眞正的、自由的相互
一致或共識。上述思想集中體現在哈伯瑪斯交
往行動理論中，它雖然並非無懈可擊，但的確
應當看作是對高達瑪實踐哲學的重要補充。

　　然而無論有何缺陷，我們都不能否認哲學
詮釋學在推動人類從目的理性，向對話理性轉
變的過程中，所做出的重要貢獻，這種貢獻在
一定的意義上，反映了當代世界發展的潮流以
及倫理學重建的需要，因此，我們絕不能只是
將高達瑪作爲一個傑出的詮釋學家來看待，實
際上他的思想內涵已遠遠超出了一般詮釋學的
範圍，並且與他強調的詮釋學的普遍性要求有
關。

　　縱觀整個西方詮釋學史，我們不難發現，
在詮釋學哲學化的道路上，它有一種愈來愈突
出普遍性的傾向：從局部詮釋學到一般詮釋學
（施萊爾馬赫），再到人文科學方法論（狄爾
泰），再到本體論詮釋學（海德格），就充分說
明了這一點。在此基礎上，高達瑪繼續沿著這
條道路往前走，他自覺並明確地將其擴展到語

言，而且最後落實到實踐哲學。

我們知道，在高達瑪中期的代表作《眞理與方法》第三部分中，就已涉及到了詮釋學的普遍性問題。他是透過討論人與世界、人與語言的關係來擴大這個問題的探討，從而使哲學詮釋學更加名副其實了。不過在這部著作中，他所突出的是詮釋學的普遍性取決於語言的普遍性，因爲人類的生存和理解都發生在語言之中，最後確立了他的詮釋學的對話本體論。這種對話本體論在此階段帶有理論和思辨的色彩。進入後期時，他自覺地將這種對話本體論融入實踐哲學之中，同整個人類的現實和未來的生存、發展聯繫起來，從而徹底實現了作爲一門哲學詮釋學的普遍性要求，它所達到的高度和深度是前所未有的。

註　釋

❶《狄爾泰選集》，英文版，第4卷，普林斯頓大學出版
　社，1996年，第230頁。

❷西方有學者稱青年高達瑪是一個「嶄露頭角的政治思
　想家」(參見R. R. 蘇利文《政治詮釋學──高達瑪早期
　思想》，英文版，賓夕法尼亞州立大學出版社，1989
　年，第6頁)，而筆者更突出青年高達瑪是一位倫理學
　家，包括他的後期，因爲他的政治思想和他的倫理思
　想是密不可分的（詳後）。

❸參見高達瑪，《柏拉圖的辯證倫理學》，英文版，耶魯
　大學出版社，1991年，第1章和第2章。

❹轉引自，《H.-G. 高達瑪的詮釋學》，英文版，L. E. 哈
　恩編，芝加哥，1997年，第424頁。

❺參見高達瑪，《眞理與方法》，德文版，第290頁以
　下；中文版，上卷，第394頁以下。

❻高達瑪，《眞理與方法》，下卷，洪漢鼎譯，上海譯文
　出版社，1999年，第848頁；另參見上卷第415頁。

❼高達瑪的實踐哲學基本不提馬克思，也不提社會生產
　勞動這一最基本的實踐活動，因此可以說，它與馬克
　思主義無直接關係。

❽高達瑪，《科學時代的理性》，英文版，麻省理工學院
　出版社，1986年，第85頁。

❾《高達瑪集》，嚴平編選，上海東方出版社，1997年，
　第277頁。

⑩ 高達瑪，《科學時代的理性》，英文版，麻省理工學院出版社，1986年，第150頁。

⑪ 高達瑪，《理論的讚美》，英文版，耶魯大學出版社，1998年，第111頁。

⑫ 苗力田主編，《古希臘哲學》，中國人民大學出版社，1992年，第248頁。

⑬ 《高達瑪集》，嚴平編選，上海遠東出版社，1997年，第293頁。

⑭ 雖然「經濟學」（「家政學」）在亞里士多德的實踐哲學中佔有一席之地，但不是主要的。

⑮ 高達瑪，《對話與辯證法──八篇關於柏拉圖的詮釋學的研究》，英文版，耶魯大學出版社，1980年，第8頁。

⑯ 參見W. D. 羅斯，《亞里士多德》，王路譯，商務印書館，1997年，第206頁。

⑰ 苗力田主編，《古希臘哲學》，中國人民大學出版社，1996年，第575頁。

⑱ 參見亞里士多德，《尼各馬可倫理學》，苗力田譯，中國社會科學出版社，1990年，第163頁。

⑲ 參見高達瑪，《理論的讚美》，英文版，耶魯大學出版社，1998年，第110-111頁。

⑳ 高達瑪，《科學時代的理性》，英文版，麻省理工學院出版社，1986年，第33頁，第35頁。

㉑ 「世界大同」也是儒家的理想，它強調四海之內皆弟兄，是謂王道。但與古希臘思想相比，儒家缺乏「對話」意識。這僅從孔子門人筆下的《論語》和柏拉圖筆下的「蘇格拉底對話」對比中也可以看得出來，後

　者具有「獨白」的傾向。

㉒高達瑪，《科學時代的理性》，英文版，麻省理工學院
　　出版社，1986年，第80頁。

㉓修昔底德，《伯羅奔尼撒戰爭史》，謝德風譯，商務印
　　書館，1978年，第414頁。

㉔高達瑪，《理論的讚美》，英文版，耶魯大學出版社，
　　1998年，第111頁。

㉕《高達瑪集》，嚴平編選，上海遠東出版社，1997年，
　　第278頁。

㉖「寬容」在亞里士多德那裏就已被看成是一種德性
　　了。參見《尼各馬可倫理學》，苗力田譯，中國社會科
　　學出版社，1990年，第128頁。

㉗參見L. 斯特勞斯和J. 克羅普塞主編，《政治哲學
　　史》，英文版，芝加哥大學出版社，1987年，第124
　　頁、136頁。

㉘高達瑪，《科學時代的理性》，英文版，麻省理工學院
　　出版社，1986年，第80頁。

㉙高達瑪，《致R. J. 伯恩斯坦的信》，載R. J. 伯恩斯坦，
　　《超越客觀主義和相對主義英文版，附錄，費城，1983
　　年，第264頁。

㉚參見高達瑪，《理論的讚美》，英文版，耶魯大學出版
　　社，1998年，第17頁。

㉛高達瑪，《答德希達》，載《對話與解構——高達瑪與
　　德希達之爭》，英文版，紐約州立大學出版社，1989
　　年，第57頁。

參考書目

一、西文部分

1. Hans-Georg Gadamer, *Wahrheit und Methode*, Tubingen, 1975.

2. H.-G. Gadamer, *Truth and Method*, Trans. by G. Braden and J. Cumming, New York, Seabury Press, 1975.

3. H.-G. Gadamer, *Plato 'Dialectical Ethics: Phenomenological Interpretations Relating to the Philebus*, Yale University, 1991.

4. H.-G. Gadamer, *Dialogue and Dialectic: Eight Hermeneutic Studies on Plato*, Yale University Press, 1980.

5. H.-G. Gadamer, *Hegels Dialektik: Sechs hermeneutische Studien*, Tubingen, 1980.

6. H.-G. Gadamer, *Hegel 's Dialectic ― Five Hermeneutical Studies*, Translated by P. Christopher Smith ― New Haven and London ，Yale University Press, 1976.

7. H.-G. Gadamer, *Vernunft im Zeitalter der Wissenschaft*,

Franfkurt, 1976.

8. H.-G. Gadamer, *Reason in the Age of Science*, London, 1983.

9. H.-G. Gadamer, *Philosophical Hermeneutics*, ed. by G. Boehm, University of California Press, 1977.

10. H.-G. Gadamer, *Heidegger 's Way*, Tanslated by John W. Stanley.State University of New York Press, 1994.

11. H.-G. Gadamer, *H.-G. Gadamer on Education, Poetry, and History*, ed. by D. Misgeld and G. Nicholson, State University of New York Press, 1992.

12. H.-G. Gadamer, *The Enigma of Health*, Polity Press, Cambridge, 1977.

13. H.-G. Gadamer, *Philosophical Apprenticeships*, Trans. by Robert R. Sullivan, the MIT Press, Cambridge, Massachusetts, and London, England, 1985.

14. Heidegger, *Being and Time*, Oxford, 1962.

15. Heidegger, *Ontology: the Hermeneutics of Facticity*, Indiana University Press, 1999.

16. R. E. Palmer, *Hermeneutics: Interpretation Theory in Schleiermacher, Dilthey, Heidegger, and Gadamer*, Northwestern University Press, 1969.

17. P. A. Johnson, *On Gadamer*, Wadsworth, 2000.

18. J. Grondin, *Introduction to Philosophical Hermeneutics*, Yale University Press, 1994.

19. R. R. Sullivan, *Political Hermeneutics, the Early*

Thinking of Hans-Georg Gadamer, the Pennsylvania State University Press, 1989.

20. Tosef Bleicher, *Contemporary Hermeneutics*, London, 1980.

21. Joel C. Weinsheimer, *Gadamer's Hermeneutics*, Yale University Press, 1985.

22. Maurizio Ferraris, *History of Hermeneutics*, Translated by Luca Somigli, Humanities Press, New Jersey, 1996.

23. S. Lavietes, "Hans-Georg Gadamer, 102, Who Questioned Fixed Truths", in the New York Times, March 25, 2002.

二、中文部分

1. 高達瑪,《真理與方法》,上卷,洪漢鼎譯,上海譯文出版社,1992年。

2. 高達瑪,《真理與方法》,下卷,洪漢鼎譯,上海譯文出版社,1999年。

3. 高達瑪,《詮釋學 II:真理與方法——補充和索引》,洪漢鼎、夏鎮平譯,臺灣時報文化出版有限公司,1995年。

4. 高達瑪,《哲學詮釋學》,夏鎮平、宋建平譯,上海譯文出版社,1994年。

5. 高達瑪,《科學時代的理性》,薛華等譯,國際文化出

版公司，1988年。

6. 高達瑪，《讚美理論》，夏鎮平譯，上海三聯，1988年。

7. 高達瑪，《美的現實性》，張志楊等譯，三聯書店，1991年。

8. 高達瑪，《高達瑪論柏拉圖》，余紀元譯，光明日報出版社，1992年。

9. 高達瑪，《高達瑪論黑格爾》，張志偉譯，光明日報出版社，1992年。

10. 高達瑪，《高達瑪集》，嚴平編選，上海遠東出版社，1997年。

11. 殷鼎，《理解的命運——詮釋學初論》，北京三聯書店，1988年。

12. 張汝倫，《意義的探究——當代西方釋義學》，遼寧人民出版社，1986年。

13. 張汝倫，《歷史與實踐》，上海人民出版社，1995年。

14. 鄧安慶，《施萊爾馬赫》，東大圖書公司，1999年。

15. 嚴平，《走向詮釋學的眞理——高達瑪哲學述評》，東方出版社，1998年。

16. 章啓群，《高達瑪傳》，河北人民出版社，1998年。

17. 洪漢鼎，《詮釋學：它的歷史和當代發展》，人民出版社，2001年。

18. 何衛平，《通向詮釋學辯證法之途——高達瑪哲學研究》，上海三聯書店，2001年。

高達瑪　　　　　　　　　　當代大師系列 30

著　　者／何衛平
編輯委員／李英明・孟樊・陳學明・龍協濤・楊大春・
　　　　　曹順慶
出 版 者／生智文化事業有限公司
發 行 人／林新倫
執行編輯／蔡佳惠
登 記 證／局版北市業字第 677 號
地　　址／台北市新生南路三段 88 號 5 樓之 6
電　　話／(02)2366-0309　2366-0313
傳　　眞／(02)2366-0310
E - m a i l ／book3@ycrc.com.tw
網　　址／http://www.ycrc.com.tw
郵撥帳號／14534976　揚智文化事業股份有限公司
印　　刷／科樂印刷事業股份有限公司
法律顧問／北辰著作權事務所　蕭雄淋律師
初版一刷／2002 年 12 月
定　　價／新台幣 200 元
I S B N ／957-818-440-9
總 經 銷／揚智文化事業股份有限公司
地　　址／台北市新生南路三段 88 號 5 樓之 6
電　　話／(02)2366-0309　2366-0313
傳　　眞／(02)2366-0310

國家圖書館出版品預行編目資料

高達瑪 = Hans-Georg Gadamer / 何衛平著. --
初版. -- 台北市：生智, 2002[民91]
　　面；　公分. -- （當代大師系列；30）
參考書目：面
ISBN 957-818-440-9（平裝）

1. 高達瑪（Gadamer, Hans-Georg, 1900-
）- 學術思想 - 哲學

147.79　　　　　　　　　　　91016134